COMENTARIO
A LOS TEXTOS BÍBLICOS
DE COMPLETAS

Álvaro Fernández Fidalgo

COMENTARIO A LOS TEXTOS BÍBLICOS DE COMPLETAS

Editorial Verbo Divino
Avenida de Pamplona, 41
31200 Estella (Navarra), España
Teléfono: +34 948 55 65 11
www.verbodivino.es
evd@verbodivino.es

Diseño de cubierta: Francesc Sala
Fotocomposición: NovaText, Huarte (Navarra)

Impresión: Gráficas Astarriaga, Abárzuza (Navarra)
Impreso en España – *Printed in Spain*

Depósito legal: NA 1801-2025
ISBN: 978-84-1063-190-8
ISBN Ebook: 978-84-1063-189-2

Índice

Introducción

«En el rollo del libro está escrito sobre mí»
SAL 40,8

A los pasajes bíblicos utilizados en la oración litúrgica de Completas se les pueden aplicar aquellas palabras de Qohelet: «Nihil sub sole novum» (Qo 1,9). Cada semana trae los textos de la anterior. Ciertamente no se trata de buscar cosas nuevas, ni es necesario, pues contamos con el Espíritu de aquel que hace nuevas todas las cosas (cf. Ap 21,5). No obstante, detenerse pausadamente en los salmos y textos bíblicos que la Iglesia ha seleccionado para la oración litúrgica que concluye el día puede ser de utilidad.

Aunque nuestro comentario tiene un carácter divulgativo, se ha buscado estudiar con rigor los distintos pasajes, considerando e incorporando las aportaciones de los estudios bíblicos más importantes. Para cada salmo se indica un título y un versículo introductorio adecuados a la realidad del texto. A continuación, se ofrece el texto hebreo seguido de una traducción lo más cercana posible a la lengua bíblica. Por último, el comentario, que concluye con una referencia a la citación neotestamentaria del salmo cuando proceda. Para las lecturas breves y el *Nunc dimittis*, la explicación va precedida del texto bíblico en lengua original y su traducción literal. Como el responsorio toma las palabras de Sal 31,6, queda comentado al tratar este salmo en el miércoles.

En aras de evitar repeticiones, no se comenta todo en todos los textos. El lector deberá aguardar con paciencia a concluir su lectura para tener la visión de conjunto. Además, lo invitamos a acudir reposadamente a las referencias bíblicas que se van indicando, de modo que se saboree (se rumie, dirían los Padres) la Palabra de Dios hecha Escritura.

Evidentemente, se propone *una* lectura, que no es la única posible. Además, se podrían comentar más elementos y con mayor profundidad, pero también aquí se pueden aplicar aquellas palabras de san Efrén: «El sediento se alegra porque bebe, pero no se entristece porque no pueda agotar la fuente» (*Comentario al Diatessaron* I,19).

SALMOS
Y LECTURAS BREVES

Después de las primeras vísperas del Domingo y de las Solemnidades
(Sal 4; Sal 134; Dt 6,4–7)

Salmo 4
Oración de confianza
en medio de la angustia

«[Dios] da a su amado (el) descanso»
S<small>AL</small> 127,2b

¹ לַמְנַצֵּחַ בִּנְגִינוֹת מִזְמוֹר לְדָוִד׃
² בְּקָרְאִי עֲנֵנִי אֱלֹהֵי צִדְקִי בַּצָּר הִרְחַבְתָּ לִּי חָנֵּנִי וּשְׁמַע תְּפִלָּתִי׃
³ בְּנֵי אִישׁ עַד־מֶה כְבוֹדִי לִכְלִמָּה תֶּאֱהָבוּן רִיק תְּבַקְשׁוּ כָזָב סֶלָה׃
⁴ וּדְעוּ כִּי־הִפְלָה יְהוָה חָסִיד לוֹ יְהוָה יִשְׁמַע בְּקָרְאִי אֵלָיו׃
⁵ רִגְזוּ וְאַל־תֶּחֱטָאוּ אִמְרוּ בִלְבַבְכֶם עַל־מִשְׁכַּבְכֶם וְדֹמּוּ סֶלָה׃
⁶ זִבְחוּ זִבְחֵי־צֶדֶק וּבִטְחוּ אֶל־יְהוָה׃
⁷ רַבִּים אֹמְרִים מִי־יַרְאֵנוּ טוֹב נְסָה־עָלֵינוּ אוֹר פָּנֶיךָ יְהוָה׃
⁸ נָתַתָּה שִׂמְחָה בְלִבִּי מֵעֵת דְּגָנָם וְתִירוֹשָׁם רָבּוּ׃
⁹ בְּשָׁלוֹם יַחְדָּו אֶשְׁכְּבָה וְאִישָׁן כִּי־אַתָּה יְהוָה לְבָדָד לָבֶטַח תּוֹשִׁיבֵנִי׃

¹Del director. Con cordófonos. Salmo. De David.
²Al gritar yo respóndeme, Dios de mi justicia, en la estrechez
me has-hecho-anchura,
favoréceme y escucha mi oración.
³Hijos de hombre, ¿hasta cuándo (convertiréis) mi gloria en
ultraje, amaréis la vaciedad,
buscaréis la mentira? *Pausa.*
⁴Pues sabed que ha distinguido Yhwh a(l) *hasid* para sí.
Yhwh escuchará al gritar yo a Él.
⁵Temblad y no pequéis,
hablad en vuestros corazones sobre vuestra cama y callad.
Pausa.

⁶ Sacrificad sacrificios de justicia
   y confiad en Yhwh.
⁷ Muchos dirán: «¿Quién nos hará ver el bien?
   Ha huido de nosotros la luz de tu rostro, Yhwh».
⁸ (Pero tú, Yhwh,) has puesto alegría en mi corazón
   más que el tiempo de su grano y de su mosto abundantes.
⁹ Con *shalom*, juntamente me acueste y duerma
   porque tú, Yhwh, (estando) solo,
   confiadamente me haces acostar.

Los salmos 1 y 2 son el pórtico del Salterio hebreo: la exaltación del justo frente al impío (Sal 1) y el mesianismo real (Sal 2). A continuación, se abre el primer libro de salmos (Sal 1-41) con una súplica atribuida al rey David cuando huía de su hijo Absalón (Sal 3). En conexión con esa oración está el salmo que nos ocupa (Sal 4; véanse, por ejemplo, las relaciones Sal 3,3 y 4,7; 3,4 y 4,3; 3,5 y 4,4; 3,6 y 4,9).

El salmo 4 es la oración de un hombre difamado (¿un campesino difamado por unos terratenientes?, cf. v. 8b). Reza *en medio de* la adversidad (cf. v. 3: «hasta cuándo»), pero el orante tiene experiencia de que Dios ha intervenido a su favor en otras ocasiones (cf. v. 2.4), por lo que puede descansar tranquilo (cf. v. 9). Además de Dios, aparecen tres personajes: el salmista, el grupo hostil de los «hijos del hombre» (cf. vv. 3-5) y el grupo favorable de los «muchos» (cf. vv. 7-8). Independientemente del origen histórico del salmo, probablemente acabó por tener un uso litúrgico (cf. las indicaciones de pausa, vv. 3.5).

v. 2. Este versículo es una oración directa a Dios. Tres imperativos («respóndeme», «favoréceme» y «escucha/obedece») indican que estamos ante una súplica. El vocativo «Dios de mi justicia» se podría parafrasear como «Dios que defiende mi causa justa» o, de otro modo, «Dios declara que soy justo» (cf. Sal 17,2). El orante sabe que Dios toma partido por él, aun cuando en su situación presente sufra una injusticia. Se trata de un conocimiento basado en la experiencia previa: «en la estrechez me has-hecho-anchura». Nótese la metáfora espacial para referirse a la angustia (estrechez de ánimo), pero que bien puede tener también una dimensión somática: el agobio que oprime. Que Dios dé anchura está asociado no solo a la solución de un problema, sino a la prosperidad: «ahora Yhwh nos *ha anchado* y fructificaremos en la tierra» (Gn 26,22). No es solo ayuda en sentido negativo (quitar el mal) sino positivo (otorgar bien). Por otro lado, apelar a la justicia divina tiene la intención retórica de persuadir a Dios para que intervenga. Si no lo hace, quedará en entredicho. La raíz «favorecer» (que remite a la gracia que concede un superior, generalmente el rey) evoca la bendición aarónica de Nm 6 (cf. «la luz de tu rostro» en nuestro v. 7b).

v. 3. Los vv. 3-6 son una exhortación al grupo de opresores. Parece que las pausas estuviesen mal ubicadas, pero en realidad ocupan una posición enfática que aporta dramatismo (después de la pregunta retórica y antes de la conclusión). Los «hijos de hombre» son probablemente personajes poderosos y pudientes (cf. Sal 49,3; 62,10; en nuestro salmo se dice que abundan en grano y mosto, cf. v. 8). En el Salterio, la expresión «hasta cuándo» se dirige habitualmente a Dios (cf. Sal 6,4; 13,2.3; 35,17; 74,10; 79,5; 80,5; 89,47; 90,13; 94,3), que lo comunica por medio de sus profetas (cf. Sal 74,9). Pocas veces se les pregunta directamente a los enemigos (cf. Sal 62,4; 82,2).

Aunque nuestra traducción entiende el versículo como referido a la maledicencia (probablemente una falsa acusación; cf. Sal 120), el trasfondo idolátrico no debe pasar desapercibido: en Sal 3,4 Dios es llamado «mi gloria» y en Am 2,4 «mentiras» se refiere a los dioses paganos. En Os 2,9 aparecen juntas las raíces «amar» y «buscar» referidas a otros dioses: «[Israel] perseguirá a *sus amantes* y no los alcanzará, los *buscará* y no los hallará. Para que diga: "Voy a volver a mi primer marido, que entonces me iba mejor que ahora"». En este sentido, los opositores del salmista ultrajan a su Dios mientras aman y buscan otros dioses. Con todo, teniendo en cuenta la totalidad del salmo, preferimos entender «mi gloria» como «mi honor». La LXX y la *Vulgata* presentan otro texto para «[convertiréis] mi gloria en ultraje»: «... seréis pesados de corazón [*barykardioi*, hápax bíblico]? ¿Para qué...».

vv. 4-6. Con el término *hasid* («piadoso», de la raíz *hesed*) el orante se está definiendo por su relación con Dios. Nuestra traducción «ha distinguido [*plh*]» no es la habitual. Casi todos los comentarios y traducciones leen la raíz *pl'*, «ser maravilloso». El verbo *plh* solo se usa en Éxodo, durante las plagas para indicar que Dios *distingue* entre Israel y Egipto (cf. Ex 8,18; 9,14; 11,7) y ya en el Sinaí para indicar que es la compañía de Dios aquello por lo que Israel *se distingue* del resto de pueblos de la tierra (cf. Ex 33,16). Coincido con los comentaristas en que se está evocando la experiencia liberadora del éxodo, pero no tanto sus prodigios cuanto el hecho de que Dios no trata igual a su pueblo que al resto; y precisamente la diferencia radica en que Dios está de parte de su pueblo, como lo está de parte del salmista: Dios ha elegido/diferenciado, por lo que el salmista y sus oponentes no están en igualdad de condiciones. De hecho, a diferencia de los ídolos en quienes parecen confiar los adversarios, el

Dios del salmista sí puede oír porque es un Dios personal (cf. Sal 115,6; cf. 1 Re 18 y los profetas de Baal).

Resulta curioso que el orante no pida un castigo para sus oponentes, sino que los exhorte a convertirse (piénsese en una oración litúrgica pública, en la que quizá estuviesen presentes los aludidos). La exhortación de estos versículos está vertebrada por la serie de siete imperativos, que por su disposición se agrupan $1+2+2+2$ (sabed/reconoced; temblad y no pequéis; hablad/reflexionad y callad; sacrificad y confiad). El primer paso es reconocer («sabed») que Dios está de parte del orante y que lo escuchará en cuanto lo invoque. El temblor, propio de un terremoto (cf. Sal 18,8; 77,17.19), es la actitud cabal de quien sabe que Dios reina (Sal 99,1), de quien se da cuenta de (= reconoce) lo que se le viene encima (cf. Ex 15,14; Dt 2,25). La lógica pediría que el binomio del imperativo «temblad» fuese «y temed», o «porque moriréis sin remedio», o algo similar. Contra todo pronóstico, el salmista pide a sus opresores «no pequéis», todavía más, «reflexionad (= hablad en vuestros corazones, sabiendo que el corazón es la sede del entendimiento)» (cf. Os 7,14). Dicho de otro modo: convertíos y daos cuenta de lo que estáis haciendo. La consecuencia no se hace esperar: ¡callad!, es decir, dejad de acusarme falsamente. Al final de la estrofa aparece el culto, aludido con el sacrificio, como manifestación externa de la conversión (cf. Dt 33,19). Si Dios es el «Dios de mi justicia» (v. 2 de nuestro salmo), los sacrificios coherentes se harán conforme a la justicia restablecida (cf. v. 6). Dado el tono del salmo, la expresión «confiad en Yhwh» (v. 6b) debe entenderse como «confiad en que Yhwh os perdonará».

vv. 7-9. Se retoma la oración directa a Dios. Los «muchos» son el grupo de los que pierden la esperanza cuando Dios parece lejano, impasible e inactivo. El término «ha huido (*nesah*)» es oscuro. La mayoría de los comentaristas leen «elevar (*nś'*)». Respetando el texto consonántico, los verbos posibles son «probar, tentar (*nsh*)» y «huir (*ns*)». Las versiones antiguas también tuvieron dificultad en este punto (*esemeiothe, signatum est*). Ateniéndonos al texto masorético y al sentido del versículo en sí y en el salmo, nos decantamos por «huir». La luz del rostro de Yhwh evoca la bendición aarónica que mencionábamos antes, lo que permite entender «ha huido de nosotros la luz de tu rostro, Yhwh» como «Yhwh, no nos bendices».

A las palabras de este grupo (cf. v. 7) no sigue un reproche, sino el testimonio personal del salmista (cf. vv. 8-9). El binomio «grano-mosto» es signo de prosperidad (cf. Gn 27,28.37; Dt 33,28; 2 Re 18,32; Is 36,17; 62,8; Os 2,11; 7,14; 9,2; Zac 9,17), incluso referido a la Tierra Prometida, «tierra de grano y mosto» (Dt 33,28). Probablemente los ricos han acumulado su abundancia por medios no siempre honestos y, en no pocas ocasiones, a costa de los menos favorecidos (cf. Os y Miq). Pues bien, el salmista tiene más alegría que si gozase de esos bienes. Debe tratarse de una alegría entendida como serenidad interior, a razón del versículo que cierra el poema: la *shalom*, síntesis de los bienes mesiánicos, hace que el orante concilie el sueño apenas se acuesta («conjuntamente»). Es más, con Dios puede dormir confiado (nótese el *hifil* causativo) aunque se encuentre solo.

No se puede descartar que el sueño del v. 9 aluda de algún modo al sueño de la muerte. En tal caso habría que leer el salmo desde otra perspectiva: aunque al orante le sobrevenga la muerte, la asume serenamente porque confía en Dios (cf. Ap 14,13).

En este salmo, varios reclamos semánticos presentan un *mundus inversus*: gritar (*qr'*, vv. 2.4), justicia (*ṣdq*, vv. 2.6), escuchar (*šmʿ*, vv. 2.4), corazón (*lbb*, vv. 5.8), cama/acostarse (*škb*, vv. 5.9), confiar (*bṭḥ*, vv. 6.9). El salmista grita a Dios para que escuche su oración, sus opresores deben darse cuenta de que, de hecho, será escuchado. Dios hace justicia al orante (= veredicto de «no culpable», que sus perseguidores rechazan), sus opresores deberán reconocer que fueron injustos y ofrecer sacrificios coherentes (culto y vida no pueden estar en discordancia). El corazón-conciencia de los opresores debe reflexionar sobre sus acciones, el del justo está lleno de la alegría-serenidad que Dios le proporciona. Para el justo la cama es lugar de descanso sereno, aún en medio de la angustia que le oprime; para los que persiguen al justo debe ser el lugar del remordimiento de conciencia. Porque el justo confía en Dios, Él le hace reposar confiadamente, pero los opresores deben aprender a confiar en (el criterio de) Dios. Al salmista no debe importarle qué digan o piensen los hombres, sino qué piense y diga Dios de él. En medio de esa tensión entre el orante y sus opresores, emerge un grupo de fieles (los «muchos» del v. 7). Ante la posibilidad del desaliento, el salmista los anima a mantenerse fieles a Dios, a no dejarse seducir por el aparente triunfo de los malvados.

En el Nuevo Testamento, la versión griega de Sal 4,5a se usa en Ef 4,26a: «Enfadaos, pero no pequéis». El texto paulino es parte de la lectura breve del miércoles (Ef 4,26-27), en la que se omite «enfadaos». Se trata de una de las recomendaciones que el apóstol de los gentiles da a aquellos que son ya «hombre nuevo». El traductor griego del salmo 4 ofrece «enfadaos» en vez del masorético «temblad». Aunque el término hebreo es explícitamente teológico (temblor ante la presencia de Dios) y el griego más psicológico (enfado, quizá porque Dios lleva la contraria a los malvados), en ambos casos la dinámica es similar: exhortar al malvado a que no peque (o deje de pecar).

Salmo 134 (133)
Oración de bendición y regreso

«Tú bendices al Señor
y el Señor te bendice»

JERÓNIMO, *Breviarium in Psalmos* 133 (PL 26,1225)

¹ שִׁיר הַמַּעֲלוֹת

הִנֵּה ׀ בָּרְכוּ אֶת־יְהוָה כָּל־עַבְדֵי יְהוָה הָעֹמְדִים בְּבֵית־יְהוָה בַּלֵּילוֹת׃

² שְׂאוּ־יְדֵכֶם קֹדֶשׁ וּבָרְכוּ אֶת־יְהוָה׃

³ יְבָרֶכְךָ יְהוָה מִצִּיּוֹן עֹשֵׂה שָׁמַיִם וָאָרֶץ׃

¹ Canto de las subidas.
¡Venga! Bendecid a Yhwh todos los servidores de Yhwh,
los que permanecéis (en pie) en la Casa de Yhwh, por las noches.
² Elevad vuestras manos (en el) santuario
y bendecid a Yhwh.
³ Te bendiga Yhwh desde Sion,
hacedor de cielos y tierra.

Este salmo, el más breve del Salterio después de Sal 117,
es el último del «Salterio de las subidas» (Sal 120-134). Este
conjunto de salmos recopila quince cantos usados probablemente en las subidas a Jerusalén, especialmente en las
fiestas judías de peregrinación a la Ciudad Santa (Pascua,
Semanas y Tiendas). La brevedad (con excepción de Sal 132)
y la técnica literaria de la repetición facilitan la memoriza-
ción de estas composiciones.

Se han ubicado en el quinto y último libro del Salterio hebreo (Sal 107-150). En ese contexto se establece la siguiente dinámica: liberados de la esclavitud de Egipto (cf. Sal 113-118, el Hallel egipcio), pertrechados con la Ley recibida en el Sinaí (cf. Sal 119, el Salmo-Torah por excelencia), nos ponemos en camino hacia la Tierra Prometida, con el Templo de Jerusalén como destino (cf. Sal 120-134). Allí el peregrino encuentra fraternidad (cf. Sal 133) y la bendición de Dios (cf. Sal 134). La recopilación oracional de 11Q5, en la que están presentes los salmos de las subidas, el orden apunta a otra teología: la secuencia de Sal [120.]121-132, seguida de Sal 119, sugiere que el destino de la peregrinación (espiritual) para la *yaḥad* era la Ley.

En cualquier caso, la comprensión de Sal 134 se enriquece a la luz del inicio del salmo siguiente: «Alabad a Yh. Alabad el nombre de Yhwh. Alabad, siervos de Yhwh, que permanecéis [en pie] en la Casa de Yhwh, en los atrios de la Casa de nuestro Dios» (Sal 135,1-2). En el salmo 135 aparece el verbo «alabar», que es más genérico que el sacerdotal «bendecir»; y se mencionan los «atrios» del Templo, donde podían estar no-sacerdotes. Volviendo a nuestro salmo (Sal 134), cabe decir que no era lo habitual para la gente corriente pasar la noche en el Templo (difícilmente en este salmo se aluda a rituales nocturnos, como parece entender la LXX al unir «en las noches» al v. 2: «En las noches elevad vuestras manos...»). Los rituales nocturnos son más propios del judaísmo tardío (aunque alguna indicación parece dar Josefo, *C. Ap.* I,22,199). Según Zenger, lo más probable es que Sal 134 se esté refiriendo al servicio vespertino en el Templo. Quizá pudiera tratarse de algún servicio nocturno levítico-sacerdotal (cf. 1 Cr 9,27.33), que continuase incluso acabada la liturgia oficial.

Con toda probabilidad, los que permanecen en la casa de Yhwh en el salmo 134 son sacerdotes o levitas. Aunque se hable de «todos los siervos de Yhwh» (v. 1), el paralelismo de ese versículo debe leerse como sintético de concretización. Que sea difícil asegurar la existencia de una liturgia nocturna no significa que de noche no hubiese nadie en el Templo: «Estos eran los cantores, jefes de familia levitas; [estaban] en las estancias [del Templo], libres de otros deberes, porque *día y noche [estaban] en el trabajo*» (1 Cr 9,33).

Aceptando esto, el salmo se divide en una invitación a los sacerdotes (o ministros del culto en general) a bendecir al Señor (vv. 1-2) y la respuesta de uno de ellos con la bendición de parte del Señor (v. 3). La dinámica la sintetiza Jerónimo en su comentario: «tu benedicis Dominum et Dominus te benedicit». En la interpretación litúrgica del salmo, el director de la oración convocaría a la comunidad a bendecir a Yhwh (vv. 1-2) y el destinatario singular del v. 3 sería el pueblo en su conjunto.

vv. 1-2. El «venga» remite al salmo anterior (Sal 133,1), indicio del carácter redaccional de la «colección para las subidas». La raíz «servir», que designa aquí el servicio litúrgico, evoca la experiencia del éxodo en la que los hebreos pasaron de la servidumbre servil a Faraón al servicio libre de Dios (Georges Auzou), que se sacramentaliza en la liturgia. La raíz *'md* («estar en pie»), cuando es usada en el contexto de estar ante el rey, ante Yhwh, o en casa de alguien, tiene el sentido general de «estar al servicio de» (cf. 1 Re 1,2; 10,8; 17,7; Jr 7,10), pero más técnicamente tiene el sentido del servicio sacerdotal y levítico en el Templo (cf. Dt 10,8; 18,7; Jue 20,28; Ez 44,15; Neh 12,44; 1 Cr 23,30; 2 Cr 29,11). De cualquier modo, se subraya la disponibilidad y prontitud del sirviente para cumplir la voluntad de su señor sin tardanza.

v. 3. Yhwh pasa a ser el sujeto que bendice. La bendición del v. 3 evoca Nm 6,24. La raíz *brk* se repite tres veces en este salmo (x5 el tetragrama sagrado). Las peregrinaciones a un santuario solían concluir con una bendición (cf. 1 Sm 2,20), en nuestro caso, quizá con la solemne bendición aarónica de Nm 6.

Ser bendecido significa «ser dotado con todo lo necesario para la vida y todo lo que la hace hermosa y buena» (E. Zenger). Dicho en breve, la bendición es vida: «Allí [en Sion] ordena Yhwh la bendición: vida para siempre» (Sal 133,3). En el «Salterio de las subidas» esa vida se concreta en: felicidad familiar, alimento, paz y estabilidad sociopolítica, solidaridad comunitaria. La bendición es vida porque supone la presencia de Dios. Así lo expresa el texto hebreo de Dt 30,20: «él es tu vida».

Sion es el nombre mesiánico de Jerusalén, lugar de la morada de Dios. Desde allí bendice al peregrino que retorna a su casa; pero no se trata solo del Dios (nacional) de Israel, sino que es el Creador del mundo: «hacedor de cielos y tierra» (el participio enfatiza el aspecto de la acción continuada: *creatio continuata*). El versículo une al Dios de la Alianza sinaítica (Yhwh) con el Dios creador. La misma palabra con poder creador (cf. Gn 1,1–2,3) ahora bendice a aquel sobre quien se pronuncia.

El salmo se centra en la dimensión vertical ascendente (bendecir a Dios) y descendente (Dios te bendice). Esta verticalidad se ubica en el Templo, situado en Sion. El verbo que hemos traducido como «permanecer (de pie)» es la raíz verbal de la verticalidad, de hecho, de ella deriva el término hebreo «columna». Esta dimensión forma parte de lo que Ravasi denomina «mística del espacio» propia del culto. Los que están en pie en la Casa del Yhwh garantizan el flujo de la bendición.

La dimensión horizontal la da el *Sitz im Leben* del «Salterio de las subidas»: el camino de vuelta por el que el peregrino debe regresar a su casa. Más que una liturgia *en* el Templo, como señalan casi todos los comentaristas, hay que ver el salmo como la última oración del peregrino: él encomienda sus oraciones a quienes quedan en el Templo, los sacerdotes y los levitas; ellos le aseguran la bendición de Dios para el regreso.

Nuestro salmo se sitúa al final de alguna peregrinación a Jerusalén. El punto de partida había sido un ambiente hostil y lejano de la Ciudad Santa (Sal 120), pero el peregrino emprende su camino con confianza en Dios, su guardián que nunca duerme (Sal 121). Llegado a Jerusalén, contempla la ciudad mesiánica y estalla en súplica (Sal 122), confianza suplicante (Sal 123) y acción de gracias porque Dios está por nosotros (Sal 124). Continua su oración con la expresión de confianza de los justos y súplica contra los malvados (Sal 125), una acción de gracias por el retorno del exilio con una nueva súplica (Sal 126) para volver a contemplar la ciudad de Salomón, obra de Dios y los hombres, hecha de personas (Sal 127). El peregrino reconoce que la fecundidad es la felicidad y bendición de quien teme a Dios (Sal 128) y continúa su oración pidiendo justicia contra los que odian a Sion (Sal 129). Suplica la redención, confiando en el perdón de Dios (Sal 130) y manifiesta su actitud humilde y de serena confianza (Sal 131). Un momento importante lo constituye el momento de entrar en el Templo, evocando la procesión con el Arca (Sal 132). Allí se encuentra la fraternidad (Sal 133) y la bendición de Dios (Sal 134) con la que podrá regresar a su hogar.

Sintetizando: partiendo de una situación hostil (Sal 120), pero con Dios como guardián (Sal 121), el peregrino llega a Jerusalén (Sal 122). Paz, confianza, súplica y acción de gracias (Sal 123-126.129) acompañan la estancia en la Ciudad Santa. El orante se da cuenta de que esa realidad es fruto de la acción conjunta divino-humana. Este pequeño «Salterio del peregrino» no olvida que la bendición encontrada alcanza el ámbito familiar (Sal 128). Con súplica confiada en el «Dios de los perdones» (Sal 130) y con humildad serena (Sal 131), el peregrino entra en el Templo (Sal 132), donde encuentra fraternidad (Sal 133) y la fuerza de la bendición de Dios (Sal 134) para seguir viviendo.

Los peregrinos que se acercaban a Jerusalén podían beneficiarse de las bendiciones que Dios aseguraba por medio de su liturgia. Con todo, cualquiera que rece el salmo 134 se acerca (espiritualmente) al Templo porque la Escritura, para un judío, no solo es una patria portátil (cf. H. Heine), sino también un lugar del encuentro con Dios.

Por lo demás, podría buscarse una relación literaria entre Sal 4,7.9 y 134,3 por medio de la bendición aarónica (cf. Nm 6,24-26). Al grupo de justos desalentados que se preguntaban quién les haría ver el bien si la luz del rostro de Yhwh había huido de encima de ellos (cf. Sal 4,7), el salmo 134 responde, parafraseando: «¿Quién? Yhwh desde Sion». El orante del salmo 4 debe saberlo, pues duerme con *shalom* (Sal 4,9). La bendición de Dios, garantizada por la bendición nocturna a Él, alcanza de algún modo al salmista y le permite dormir aún en medio de la angustia.

Dt 6,4–7

⁴ שְׁמַ֖ע יִשְׂרָאֵ֑ל יְהוָ֥ה אֱלֹהֵ֖ינוּ יְהוָ֥ה ׀ אֶחָֽד׃

⁵ וְאָ֣הַבְתָּ֔ אֵ֖ת יְהוָ֣ה אֱלֹהֶ֑יךָ בְּכָל־לְבָבְךָ֥ וּבְכָל־נַפְשְׁךָ֖ וּבְכָל־מְאֹדֶֽךָ׃

⁶ וְהָי֞וּ הַדְּבָרִ֣ים הָאֵ֗לֶּה אֲשֶׁ֨ר אָנֹכִ֧י מְצַוְּךָ֛ הַיּ֖וֹם עַל־לְבָבֶֽךָ׃

⁷ וְשִׁנַּנְתָּ֣ם לְבָנֶ֔יךָ וְדִבַּרְתָּ֖ בָּ֑ם

בְּשִׁבְתְּךָ֤ בְּבֵיתֶ֙ךָ֙ וּבְלֶכְתְּךָ֣ בַדֶּ֔רֶךְ וּֽבְשָׁכְבְּךָ֖ וּבְקוּמֶֽךָ׃

⁴ Escucha, Israel, Yhwh, nuestro Dios, Yhwh (es) único;
⁵ y ama a Yhwh tu Dios con todo tu corazón, con todo tu aliento, con todo tu haber.
⁶ Estén estas palabras que yo te prescribo hoy sobre tu corazón.
⁷ Repítelas a tus hijos y habla de ellas,
estando en tu casa y yendo por el camino, en tu acostarte y
en tu levantarte.

Después del Decálogo (Dt 5,6-18) y su epílogo (5,19–6,3), el libro del Deuteronomio recoge una gran homilía (6,4–11,32) que inicia con la declaración de fe del *Shemá* (6,4-5) y continúa con una exhortación didáctica (vv. 6-7) y el mandato de utilizar las filacterias y las *mezuzot* como recuerdo de esas palabras (vv. 8-9). Después de la homilía propiamente dicha (vv. 10-19), la sección concluye con la orden de enseñar a las futuras generaciones el acontecimiento del éxodo y la observancia de la Ley (vv. 20-25).

v. 4. La sintaxis de este versículo permite varias traducciones. No obstante, «nuestro Dios» funciona frecuente-mente como aposición de Yhwh. De este modo, «Yhwh nuestro Dios» puede interpretarse como un *casus pendens* del segundo Yhwh, que forma una frase nominal con «único» (para la traducción de este término véase su uso en 1 Cr 29,1).

En hebreo, el mismo verbo puede significar «escuchar» y «obedecer». Si se quiere, se trata de una escucha activa, obediente, que asume e interioriza. Aunque la formulación tenga un carácter exhortativo, no deja de ser un imperativo. El tono monoteísta de la expresión no es intrínseco (como podría serlo, por ejemplo, en Is 44,6-8; 45,5-7.18-22; 46,9; Dt 4,35; 1 Re 8,60; 2 Re 19,15.19).

v. 5. La expresión «y ama» está unida sintácticamente a «escucha», constituyendo los dos mandamientos del *Shemá*. Este pasaje tiene varios elementos típicos de los juramentos de los tratados de vasallaje del Antiguo Oriente Próximo, entre los cuales destaca el amor al monarca entendido como lealtad. No obstante, en el Deuteronomio esto adquiere una dimensión más honda (véase el amor a Dios en Dt 5,10; 7,9; 10,12; 11,1.13.22; 13,4; 19,9; 30,6.16.20).

Los elementos con los que hay que amar a Dios son tres. El «corazón», que en la Biblia es la sede del pensamiento, la voluntad, la deliberación, el yo (cf. la doble traducción que se hace en el NT: Mc 12,30; Mt 22,37; Lc 10,27). Aquí puede retomarse lo dicho a propósito del corazón unificado en nuestro comentario a Sal 86,11. Con «aliento» («garganta», «vida») podemos pensar en amar a Dios con cada una de las respiraciones, con aquello que, en la mentalidad bíblica, nos hace vivir. La expresión «con todo el corazón y con todo aliento» se encuentra con frecuencia en el Deuteronomio y la literatura deuteronomista (cf. Dt 4,29; 10,12; 11,13; 13,4; 26,16; 30,2.6.10; Jos 22,5; 23,14; 1 Re 2,4; 8,48; 2 Re 23,3.25).

El último término (*me'od*, traducido por «haber») es usado en la Biblia siempre como adverbio (x298 veces), excep-
to en el *Shemá* y los textos que dependen de él (cf. 2 Re 23,25;
Sir 7,30, que utiliza la fraseología del *Shemá* para introducir
los vv. 27.29.30). En ugarítico, *mid/mud* significa «abundancia», y se encuentra la expresión «disfruto de mi abundancia
y mi bienestar». La LXX y la *Vulgata* han traducido con la
palabra *dynamis/fortitudo* («fuerza, poder, vigor, capacidad»),
mientras que la tradición aramea ha optado por «propieda-
des» (Tg Onq) o «dinero» (Tg PsJ y Neof), en la misma línea
que la Peshitta («posesiones»). Este parece ser el sentido de
me'od en CD 9,11, por ejemplo.

En el contexto de los tratados de vasallaje, «con todo el
corazón, con todo el aliento y con todas tus posesiones»
debe entenderse como unidad de voluntad y pensamiento
con el superior, prontitud a dar la propia vida y provisión
de lo materialmente necesario (incluso a nivel militar).

v. 6. Los versículos 6-9 tienen su paralelo en Dt 11,18-20.
Probablemente «estas palabras» se refiera al Decálogo (cf.
Dt 5,19; Ex 20,1). Colocar las palabras del juramento sobre
el corazón era algo esperado en los tratados de lealtad po-
lítica. En sentido genérico, la locución «sobre el corazón»
es sinónimo de «tener en mente», «considerar», «reflexionar» (cf. Jr 51,50; Ez 38,10; también 2 Re 12,5; 2 Cr 7,11;
Is 46,8; 47,7; 57,1.11; 65,17), y se utiliza en la expresión
idiomática «hablar al corazón» (cf. Gn 34,3; Jue 19,3; Rut 2,13;
2 Sm 19,8; 2 Cr 30,22; Is 40,2; Os 2,16; significando orar
1 Sm 1,13). Quizá los textos bíblicos que más nos ayuden
a percibir la fuerza de la expresión sean: «Átalos *sobre tu
corazón* continuamente» (Prov 6,21, referido a los mandamientos e instrucción de padre y madre); «Esta es la alianza que haré con la casa de Israel después de aquellos días,

anuncio de Yhwh, colocaré mi *torah* en sus entrañas y *sobre su corazón* la escribiré, y me convertiré en su Dios y ellos se convertirán en mi pueblo» (Jr 31,33).

v. 7. «Tus hijos» no tiene por qué limitarse al aspecto biológico, pues en la tradición sapiencial se llama así a los discípulos. La quietud del hogar y el dinamismo del camino, así como la posición recostada y erguida, son merismos que señalan a la totalidad de la existencia. La atención permanente a la Ley no se prescribe solo al rey (cf. Dt 17,19) o al líder (cf. Jos 1,8), sino que es para todo hombre (cf. Sal 1,2).

Después de las segundas vísperas del Domingo y de las Solemnidades
(Sal 91; Ap 22,4-5)

Salmo 91 (90)
Oración de confianza

«Las vidas de los justos (están)
en la mano de Dios y de ningún modo
los toca el tormento»

Sab 3,1

¹ יֹשֵׁב בְּסֵתֶר עֶלְיֹון בְּצֵל שַׁדַּי יִתְלֹונָֽן׃
² אֹמַר לַיהוָה מַחְסִי וּמְצוּדָתִי אֱלֹהַי אֶבְטַח־בֹּֽו׃
³ כִּי הוּא יַצִּֽילְךָ מִפַּח יָקֹושׁ מִדֶּבֶר הַוֹּֽות׃
⁴ בְּאֶבְרָתֹו יָסֶךְ לָךְ וְתַחַת־כְּנָפָיו תֶּחְסֶה צִנָּה וְסֹחֵרָה אֲמִתֹּֽו׃
⁵ לֹא־תִירָא מִפַּחַד לָיְלָה מֵחֵץ יָעוּף יֹומָֽם׃
⁶ מִדֶּבֶר בָּאֹפֶל יַהֲלֹךְ מִקֶּטֶב יָשׁוּד צָהֳרָֽיִם׃
⁷ יִפֹּל מִצִּדְּךָ ׀ אֶלֶף וּרְבָבָה מִֽימִינֶךָ אֵלֶיךָ לֹא יִגָּֽשׁ׃
⁸ רַק בְּעֵינֶיךָ תַבִּיט וְשִׁלֻּמַת רְשָׁעִים תִּרְאֶֽה׃
⁹ כִּֽי־אַתָּה יְהוָה מַחְסִי עֶלְיֹון שַׂמְתָּ מְעֹונֶֽךָ׃
¹⁰ לֹא־תְאֻנֶּה אֵלֶיךָ רָעָה וְנֶגַע לֹא־יִקְרַב בְּאָהֳלֶֽךָ׃
¹¹ כִּי מַלְאָכָיו יְצַוֶּה־לָּךְ לִשְׁמָרְךָ בְּכָל־דְּרָכֶֽיךָ׃
¹² עַל־כַּפַּיִם יִשָּׂאוּנְךָ פֶּן־תִּגֹּף בָּאֶבֶן רַגְלֶֽךָ׃
¹³ עַל־שַׁחַל וָפֶתֶן תִּדְרֹךְ תִּרְמֹס כְּפִיר וְתַנִּֽין׃
¹⁴ כִּי בִי חָשַׁק וַאֲפַלְּטֵהוּ אֲשַׂגְּבֵהוּ כִּֽי־יָדַע שְׁמִֽי׃
¹⁵ יִקְרָאֵנִי ׀ וְאֶעֱנֵהוּ עִמֹּֽו־אָנֹכִי בְצָרָה אֲחַלְּצֵהוּ וַֽאֲכַבְּדֵֽהוּ׃
¹⁶ אֹרֶךְ יָמִים אַשְׂבִּיעֵהוּ וְאַרְאֵהוּ בִּישׁוּעָתִֽי׃

¹ El que habita al amparo de Elyon,
  a la sombra de Shaday pasará la noche.
² Hablaré a Yhwh, mi refugio y mi fortaleza.
  (Es) mi Dios, confiaré en él.

³ Ciertamente él te liberará de la red del cazador, de la peste
  destructora.
⁴ Con su plumaje te cubrirá y bajo sus alas te refugiarás
  escudo y armadura (es) su fidelidad.
⁵ No tendrás-miedo del pavor de la noche,
  (ni) de la flecha que vuela de día,
⁶ (ni) de la peste (que) en la tiniebla camina,
  (ni) del exterminio que devasta a mediodía.
⁷ Caerán a tu flanco mil y diez mil a tu derecha;
  a ti no alcanzará.
⁸ Solo con tus ojos mirarás
  y la recompensa de los malvados verás.
⁹ Ciertamente tú, Yhwh, (eres) mi refugio. (Tú,) Elyon, has establecido tu guarida.
¹⁰ No te sucederá el mal y la plaga no se acercará a tu tienda,
¹¹ porque a sus ángeles dará-órdenes en-tu-favor
  para guardarte en todos tus caminos,
¹² sobre las palmas te cargarán
  para que no tropiece en la piedra tu pie;
¹³ sobre el león y la víbora pisarás,
  pisotearás al leoncillo y la serpiente.
¹⁴ Porque me quiere lo liberaré,
  lo elevaré porque (re)conoce mi nombre.
¹⁵ Me invocará y le responderé, con él (estaré) yo en la angustia,
  lo rescataré y lo honraré,
¹⁶ (con) días largos lo saciaré,
  le haré-ver mi salvación.

La dramatización conseguida con el cambio de voces sugiere un contexto cultico. En cualquier caso, se trata de
una oración de confianza. Ciertamente, en los vv. 14-16 se
deja oír la voz de Dios en primera persona, pero para el
resto del salmo no es necesario postular dos hablantes: la

alternancia entre primera y tercera persona es un recurso
habitual mediante el cual el orante cambia del discurso
directo a hablar de sí mismo. Después de una introducción
(vv. 1-2), la intervención del salmista se divide en dos partes (vv. 3-4.5-6.7-8.9-13). El salmo concluye con la intervención de Dios (vv. 14-16).

vv. 1-2. El v. 1 es una afirmación, una máxima que da pie
al orante a iniciar su oración. Habitar al amparo de Dios no
tiene por qué interpretarse en un sentido local (el Templo),
sino que puede tener una valencia existencial: quien vive
su vida bajo la protección de Dios (cf. Sal 27,5; 31,21; 32,7;
61,5; 119,114). En cualquier caso, quien eso hace experi-
mentará la sombra de Dios, signo de protección, también
durante la noche (cf. Sal 121,6 para el efecto dañino de la
luna). Esto anticipa las referencias hostiles del salmo.

Apoyado en la seguridad de que Dios protege a quien
habita con Él, el salmista anuncia su intención de elevar
una plegaria («hablaré a Yhwh», v. 2). Estos versículos in-
troductorios condensan cuatro nombres divinos (Elyon,
Shaday, Yhwh, Dios), pero los vocativos queridos al orante
son «*mi* refugio», «*mi* fortaleza» y «*mi* Dios». En ellos se hace
presente la metáfora bélico-militar (refugio, fortaleza).

vv. 3-4. El cambio de persona en el verbo puede interpretarse como un diálogo interior del orante consigo mismo.
La «red» de este versículo es una trampa de caza, habitualmente para pájaros (cf. Prov 7,23; Qo 9,12). El texto hebreo consonántico del término «peste» puede ser leído,
como hizo la LXX, como «palabra»; en ese caso, se estaría
refiriendo a la calumnia o la difamación, temas muy queridos al Salterio. Respetando la vocalización masorética,
este versículo alude a dos tipos de males: los causados por

la libertad humana (cazador) y los físicos (peste y enferme-dad-muerte, cf. Os 13,14). Se cubre así el espectro de todos los males que pueden afectar al hombre. De todos ellos puede librar Dios.

En el v. 4, la protección divina se expresa por medio de las alas plúmeas que custodian al orante (quizá simbología egipcia). Con todo, el versículo se completa con la metáfora bélica: escudo y armadura. Se anticipa así la protección contra una realidad que aparecerá en el versículo siguiente: la flecha anónima. Es la «fidelidad/lealtad» de Dios la que defiende al salmista. Este término se encuentra, entre otros muchos pasajes (la primera vez que aparece en la Biblia es, precisamente, referido a Dios: Gn 24,27), en la autodefinición de Yhwh en Ex 34,6.

vv. 5-6. El verbo «no-temer» tiene cuatro objetos: pavor nocturno, flecha diurna, peste en la tiniebla y exterminio de mediodía. Ante todo, nótese que el eje temporal cubre toda la jornada (día, mediodía y noche). Las realidades que no deben ser temidas participan (con excepción de la flecha) del contexto del Antiguo Oriente Próximo en el que, proba-blemente, tengan relación con el mundo de los espíritus (cf. la personificación de la peste que *camina*). Aun la flecha, al tener un arquero no identificado, parece entrar en la esfera de lo oscuro. Igual que en el v. 3, el término «peste» es leído por la LXX como «palabra, asunto, suceso», pero nosotros nos quedamos con la vocalización masorética.

vv. 7-8. Estos versículos muestran los efectos de la con-fianza en Dios: inmunidad del justo frente al abatimiento de los malvados. Estamos ante la teoría clásica de la retri-bución, expresada de modo poético en Sal 37,7-10: «Des-cansa en Yhwh, espera en él, no te acalores contra el que prospera, contra el hombre que urde intrigas. Desiste de la ira, abandona el enojo, no te acalores, que será peor; pues los malvados serán extirpados, mas los que esperan en Yhwh heredarán la tierra. Un poco más, y no hay malvado, buscas su lugar, y ya no está». Los que caen en torno al salmista no son de su propio «ejército», sino los enemigos que lo rodean (cf. Sal 3,7-9).

vv. 9-10. Estos versículos retoman el campo semántico del refugio. El salmo es una oración, no un razonamiento lineal. Las repeticiones ayudan al orante a reafirmar su convencimiento: Dios es un refugio que el mal no alcanza. En el Pentateuco, el término «plaga» está o en relación con la lepra (cf. Lv-Dt) o con la (décima) plaga que azotó Egipto (cf. Ex 11,1; la atestación de Gn 12,17 no deja de ser contra Faraón). De su uso en el Salterio podemos decir que guarda relación con la enfermedad (cf. Sal 38,12) y que Yhwh puede castigar con ella (cf. Sal 89,33; 2 Sm 7,14), por eso un salmista pide: «quita de mí *tu* plaga» (cf. Sal 39,11). Zenger propone leer los vv. 9-10 de nuestro salmo como una única imagen, de modo que la «tienda» del orante es la morada de Yhwh (es interesante recordar que, antes del Templo en Jerusalén, Dios habitaba en una tienda, cf. 2 Sm 7,6; Ex 26,7 *et passim*). ¿Quizá sea una referencia a la fiesta de Sucot (cf. Lv 23,34-43; Dt 16,13-15), durante la cual la tienda del salmista estaría cerca de la morada protectora de Yhwh?

vv. 11-13. Se añade ahora otro elemento: los ángeles. Si el mal tiene sus agentes, Dios también. Como al frente de un ejército, Dios da órdenes. En este caso, en favor del orante, para que los ángeles guarden sus caminos (es la fraseología de Ex 23,20). En un sentido espacial, la protección de Dios no está garantizada solo en un «*lugar* de refugio», sino que se extiende también por los caminos en que transcurre la vida del hombre, pues Dios se desplaza («bajaré contigo», Gn 46,4; cf. 28,15). En un sentido espiritual, común a la literatura sapiencial, el camino es metáfora de la conducta humana, custodiada también por Dios frente a las tentaciones de las fuerzas del mal. Si Dios protegía al orante con sus alas (cf. v. 4 de nuestro salmo), los ángeles realizan esa tarea llevando al hombre «en palmitas», de modo que no tropiece (lo cual refuerza la interpretación espiritual del «camino»). Con todo, la protección implica pisar-pisotear (= vencer) fuerzas hostiles, representadas por medio del león y la serpiente (fuerzas del mal tanto en la literatura del Antiguo Oriente Próximo como en la bíblica).

vv. 14-16. La acción del hombre consiste en amar a Dios, (re)conocer su nombre e invocarlo, (para la relación entre conocer el nombre de Dios e invocarlo cf. Sal 99,6; Jr 10,25); eso causa («porque») la intervención de Dios. Esta consiste en librar al hombre, elevarlo, responder cuando el hombre lo invoque, rescatarlo, honrarlo, saciarlo de días y mostrarle la salvación. En medio de estas siete acciones, se encuentra una frase sin verbo que, literalmente, dice: «con él (estaré) yo en la angustia/estrechez». La acción «elevar» implica situar al orante en un lugar que no pueda ser alcanzado por el mal. «Colmar de días» es un signo clásico de bendición, pero la última palabra del salmo es «salvación» (tiene la valencia de victoria militar y de no morir en la batalla, cf. Ex 14,13; 15,2; 1 Sm 14,45; 2 Sm 10,11; 2 Cr 20,17).

Según Mt 4,6 y Lc 4,10-11, el diablo cita Sal 91,11-12 como justificación de una de las tentaciones, lo cual no deja de tener su punto de ironía dado el uso apotropaico que se hacía de Sal 91 (cf., por ejemplo, 11Q11).

Ap 22,4-5

⁴ καὶ ὄψονται τὸ πρόσωπον αὐτοῦ, καὶ τὸ ὄνομα αὐτοῦ ἐπὶ τῶν μετώπων αὐτῶν. ⁵ καὶ νὺξ οὐκ ἔσται ἔτι καὶ οὐκ ἔχουσιν χρείαν φωτὸς λύχνου καὶ φωτὸς ἡλίου, ὅτι κύριος ὁ θεὸς φωτίσει ἐπ᾽ αὐτούς, καὶ βασιλεύσουσιν εἰς τοὺς αἰῶνας τῶν αἰώνων.

⁴ Y verán su rostro, y su nombre (estará) sobre su frente. ⁵ Y noche no habrá ya, y no tienen necesidad de luz de lámpara ni de luz de(l) sol, porque el Señor Dios iluminará sobre ellos y reinarán por los siglos de los siglos.

El corazón del Apocalipsis es una asamblea litúrgica que interpreta proféticamente la historia (cf. Ap 4,1-22,5). La última sección inicia con la postrera copa de su septenario, que resulta ser el tercer signo del libro (cf. Ap 16,17-21). Ese acontecimiento desemboca en el juicio y ejecución de Babilonia (cf. Ap 17,1-19,10) y el juicio final en el que el mundo es liberado por Dios (cf. Ap 19,11-21,8). Seguidamente, el autor describe la nueva cosmópolis divina (cf. Ap 21,9-22,5). Un epílogo concluye el libro (cf. Ap 22,6-21). Precisamente el final de la descripción de la nueva ciudad es el texto que nos ocupa.

v. 4. «Solo los inscritos en el libro de la vida del Cordero» (Ap 21,27) pueden entrar en la nueva Jerusalén. A estos se les concede ver el rostro de Dios, cosa que, en principio, ni el mismo Moisés pudo (cf. Ex 33,20.23; pero léase el v. 11 y Dt 34,10, también Gn 32,31). En Ex 24,1-11 se describe la alianza entre Dios y el pueblo (vv. 3-8), enmarcada por una comida con la divinidad (vv. 1-2.9-11). La alianza se realiza en base a las palabras que Moisés transmite de parte de Dios (v. 3), codificadas en un libro (vv. 4.7), y por medio de la sangre de sacrificios (v. 5), que se derrama sobre el altar (v. 6) y el pueblo (v. 8) en señal de comunión de vida. Además, es interesante recordar que la sangre era usada en la consagración de los sacerdotes (cf. Lv 8,22-24). Sin embargo, los que comen con la divinidad son los sacerdotes y los ancianos, representantes de las dos instituciones principales del Israel antiguo (cf. Ex 24,1-2.9). En dos ocasiones dice el texto que *vieron a Dios* (cf. vv. 10-11).

El nombre de Dios en la frente es una alusión al Sumo Sacerdote, que llevaba sobre la frente una lámina de oro con la inscripción «consagrado a Yhwh» (cf. Ex 28,36-38). El privilegio de estar consagrado para ser aceptable ante Dios se hace extensivo a los salvados. Sabiendo que en Ex 19,6 Dios asegura que su pueblo será un «reino de sacerdotes» (en griego, «reino sacerdotal»), es útil recordar que Ap 1,5-6 afirma que Jesús, con su sangre, «nos hizo reino, sacerdotes para su Dios y Padre» (cf. 1 Pe 2,9). Según el autor del último libro de la Biblia cristiana, esto se cumple en la nueva Jerusalén.

v. 5. Este versículo retoma la descripción de Ap 21,23: «La ciudad no necesita ni de sol ni de luna que la alumbren, porque la ilumina la gloria de Dios, y su lámpara es el Cordero». Sin duda la fraseología tiene en mente Is 60,19-20: «No será para ti ya nunca más el sol luz del día, ni el resplandor de la luna te alumbrará de noche, sino que tendrás a Yhwh por luz eterna, y a tu Dios por tu hermosura. No se pondrá jamás tu sol, ni tu luna menguará, pues Yhwh será para ti luz eterna, y se habrán acabado los días de tu luto».

Probablemente, el autor piense también en Sal 118,27 («Yhwh es Dios, él nos ilumina»), que, a su vez, depende de la bendición sacerdotal de Nm 6,25 (cf. Sal 4,6; 31,16; 67,1; 80,3.7.19; 119,135). De ser así, el rostro contemplado que ilumina implica una bendición eterna. Teniendo en cuenta que en la nueva Jerusalén llevarán el nombre de Dios colocado en la frente, no deja de ser significativo que la indicación que Yhwh da a los sacerdotes en la bendición de Números es «que pongan mi nombre sobre los hijos de Israel y yo los bendeciré» (Nm 6,27).

Lunes
(Sal 86; 1 Tes 5,9-10)

Salmo 86 (85)
Súplica individual

«Señor mío y Dios mío»
Jn 20,28

¹ תְּפִלָּ֗ה לְדָ֫וִ֥ד
הַטֵּֽה־יְהוָ֣ה אָזְנְךָ֣ עֲנֵ֑נִי כִּֽי־עָנִ֖י וְאֶבְי֣וֹן אָֽנִי׃
² שָֽׁמְרָ֣ה נַפְשִׁי֮ כִּֽי־חָסִ֪יד אָ֥נִי הוֹשַׁ֣ע עַ֭בְדְּךָ אַתָּ֣ה אֱלֹהַ֑י הַבּוֹטֵ֥חַ אֵלֶֽיךָ׃
³ חָנֵּ֥נִי אֲדֹנָ֑י כִּ֥י אֵלֶ֥יךָ אֶ֝קְרָ֗א כָּל־הַיּֽוֹם׃
⁴ שַׂ֭מֵּחַ נֶ֣פֶשׁ עַבְדֶּ֑ךָ כִּ֥י אֵלֶ֥יךָ אֲ֝דֹנָ֗י נַפְשִׁ֥י אֶשָּֽׂא׃
⁵ כִּֽי־אַתָּ֣ה אֲ֭דֹנָי ט֣וֹב וְסַלָּ֑ח וְרַב־חֶ֝֗סֶד לְכָל־קֹרְאֶֽיךָ׃
⁶ הַאֲזִ֣ינָה יְ֭הוָה תְּפִלָּתִ֑י וְ֝הַקְשִׁ֗יבָה בְּק֣וֹל תַּחֲנוּנוֹתָֽי׃
⁷ בְּי֣וֹם צָ֭רָתִי אֶקְרָאֶ֑ךָּ כִּ֣י תַעֲנֵֽנִי׃
⁸ אֵין־כָּמ֖וֹךָ בָאֱלֹהִ֥ים ׀ אֲדֹנָ֗י וְאֵ֣ין כְּמַעֲשֶֽׂיךָ׃
⁹ כָּל־גּוֹיִ֤ם ׀ אֲשֶׁ֪ר עָ֫שִׂ֥יתָ יָב֤וֹאוּ ׀ וְיִשְׁתַּחֲו֣וּ לְפָנֶ֣יךָ אֲדֹנָ֑י וִֽיכַבְּד֥וּ לִשְׁמֶֽךָ׃
¹⁰ כִּֽי־גָד֣וֹל אַ֭תָּה וְעֹשֵׂ֣ה נִפְלָא֑וֹת אַתָּ֖ה אֱלֹהִ֣ים לְבַדֶּֽךָ׃
¹¹ ה֘וֹרֵ֤נִי יְהוָ֨ה ׀ דַּרְכֶּ֗ךָ אֲהַלֵּ֥ךְ בַּאֲמִתֶּ֑ךָ יַחֵ֥ד לְ֝בָבִ֗י לְיִרְאָ֥ה שְׁמֶֽךָ׃
¹² אוֹדְךָ֤ ׀ אֲדֹנָ֣י אֱ֭לֹהַי בְּכָל־לְבָבִ֑י וַאֲכַבְּדָ֖ה שִׁמְךָ֣ לְעוֹלָֽם׃
¹³ כִּֽי־חַ֭סְדְּךָ גָּד֣וֹל עָלָ֑י וְהִצַּ֥לְתָּ נַ֝פְשִׁ֗י מִשְּׁא֥וֹל תַּחְתִּיָּֽה׃
¹⁴ אֱלֹהִ֤ים ׀ זֵ֘דִ֤ים קָֽמוּ־עָלַ֗י וַעֲדַ֣ת עָ֭רִיצִים בִּקְשׁ֣וּ נַפְשִׁ֑י וְלֹ֖א שָׂמ֣וּךָ לְנֶגְדָּֽם׃
¹⁵ וְאַתָּ֣ה אֲ֭דֹנָי אֵל־רַח֣וּם וְחַנּ֑וּן אֶ֥רֶךְ אַ֝פַּ֗יִם וְרַב־חֶ֥סֶד וֶאֱמֶֽת׃
¹⁶ פְּנֵ֥ה אֵלַ֗י וְחָ֫נֵּ֥נִי תְּנָֽה־עֻזְּךָ֥ לְעַבְדֶּ֑ךָ וְ֝הוֹשִׁ֗יעָה לְבֶן־אֲמָתֶֽךָ׃
¹⁷ עֲשֵֽׂה־עִמִּ֨י א֡וֹת לְטוֹבָ֗ה וְיִרְא֣וּ שֹׂנְאַ֣י וְיֵבֹ֑שׁוּ כִּֽי־אַתָּ֥ה יְ֝הוָ֗ה עֲזַרְתַּ֥נִי וְנִחַמְתָּֽנִי׃

¹Oración. De David.
  Inclina, Yhwh, tu oído, respóndeme
  porque pobre y necesitado (soy) yo.
²Guarda mi vida, porque *hasid* (soy) yo, salva a tu siervo, tú,
  Dios mío,
  al que confía en ti.

³ Favoréceme, mi Señor,
   porque a ti grito todo el día.
⁴ Alegra la vida de tu siervo
   porque a ti, mi Señor, mi vida elevo.
⁵ Porque tú, mi Señor, (eres) bueno y perdonador
   abundante en *hesed* para todo el que te grita.
⁶ Escucha, Yhwh, mi oración
   y atiende la voz de mis súplicas-de-un-favor.
⁷ En el día de mi angustia te invocaré porque me responderás.
⁸ No hay como Tú entre los dioses, mi Señor, y no hay como
   tus obras.
⁹ Todas las naciones que has hecho volverán y se postrarán
   ante tu rostro, mi Señor,
   y glorificarán tu nombre.
¹⁰ Porque grande (eres) tú y obras maravillas.
   Tú (eres) Dios, solo Tú.
¹¹ Enséñame, Yhwh, tu camino, caminaré en tu fidelidad;
   unifica mi corazón para temer tu nombre.
¹² Te daré gracias, mi Señor, mi Dios, con todo mi corazón
   y glorificaré tu nombre para siempre,
¹³ porque tu *hesed* (será) grande sobre mí
   y habrás librado mi vida del *Sheol* profundo.
¹⁴ Dios, presuntuosos se alzaron contra mí y la asamblea de
   los violentos buscó mi vida,
   pues no te pusieron frente a ellos;
¹⁵ pero tú, mi Señor, Dios compasivo y favorable,
   paciente y abundante de bondad y fidelidad,
¹⁶ vuélvete hacia mí y favoréceme,
   da tu fuerza a tu siervo y salva al hijo de tu esclava.
¹⁷ Obra conmigo un signo de bondad
   y véan(lo) los que me odian y se avergüencen,
   porque tú, Yhwh, me habrás ayudado y me habrás consolado.

Entre una de las colecciones de salmos de los hijos de Coré (Sal 84-88), se encuentra este salmo davídico. Estamos ante una súplica individual genérica. Se trata de una oración cargada de ecos bíblicos, particularmente de las dos colecciones de salmos davídicos (Sal 3-41; 51-72), de las que parece una «recapitulación» (Sal 72 concluye así: «fin de las oraciones de David»), y de la teología del Sinaí (cf. Ex 33–34). Solo Sal 17,1; 86,1 (y, a su modo, 142,1) llevan por título «Oración. De David».

Como particularidad estilística destacamos la abundancia de subordinadas causales («porque…»), un total de nueve. Las cuatro primeras, concentradas en los vv. 1-4, se refieren al orante: porque soy pobre y necesitado (v. 1), porque soy piadoso (v. 2), porque a ti grito (v. 3), porque te elevo mi vida (v. 4). Las cinco restantes se refieren a Dios: porque es bueno, perdonador y abundante en *hesed* (v. 5), porque responde (v. 7), porque es grande y obra maravillas (v. 10), porque su *hesed* es grande (v. 13), porque ayuda y consuela (v. 17).

Aunque se apela a una motivación humana y divina, hay «más causales» de parte de Dios (y por dos veces se apela a su *hesed*). De parte del hombre no se expresan justicia o méritos, sino el ser *hasid* (piadoso, que vive la *hesed*) y confiar en Dios, estando en una situación de necesidad. En el fondo, se establece una cierta reciprocidad: «porque yo… te pido ayuda», «porque tú… ayúdame».

vv. 1-2. El orante se reconoce «pobre y necesitado» (cf. Sal 40,18 = 70,6; 109,16.22). Más que una clase social, esos términos están describiendo una situación actual desgraciada. Los reyes piadosos, como Josías, hacían justicia a esas personas (cf. Jr 22,16); probablemente, el salmista no encuentre ahora nadie que le ayude, su única opción es dirigirse directamente a Dios, el Dios de Sion (cf. Is 14,32).

No hay duda, «Yhwh es tu guardián» (Sal 121,5). De hecho, en el Salterio parece ser una de sus actividades usuales (cf. Sal 12,8; 41,3; 97,10; 116,6; 140,5; 145,20; 146,9). Es más, «si Yhwh no *guarda* la ciudad, en vano vigila *la guardia*» (Sal 127,1). Con Sal 41,3 podemos ver los efectos de Yhwh como custodio: «Yhwh lo guardará, lo preservará con vida en la tierra y no lo entregará al deseo de sus enemigos». Por lo demás, la fraseología de nuestro v. 2 es frecuente en el Salterio (cf. Sal 3,8; 7,2; 25,2; 31,15; 91,2; 109,26).

vv. 3-5. Usando «favoréceme» (v. 3), el salmista evoca la bendición aarónica (cf. Nm 6,25). Esta petición la apoya en su oración insistente, sin desfallecer. En el v. 4 el salmista pide ser alegrado (cf. Sal 90,15; 92,5; Is 56,7) por haber elevado su «vida» a Dios. El término hebreo designa fisiológicamente la garganta y, por extensión, el aliento. Al enterarnos del asunto que aflige al orante (cf. v. 14 de nuestro salmo), la metáfora cobrará más sentido: cuando uno huye porque es perseguido, acaba por faltarle el aliento; pues con ese (casi último) aliento, el salmista invoca a Dios. La alegría supone una inversión de la situación actual que causa el lamento.

«Perdonador» (v. 5) es un *hápax* bíblico. El verbo de esa raíz tiene siempre a Dios por sujeto; respecto al sustantivo, véase el comentario a Sal 130,4. Hemos dejado «hesed» sin traducir porque cubre un espectro semántico muy amplio: lealtad, fidelidad, favor, merced, bondad, magnanimidad... El desarrollo de la línea poética es *in crescendo*: la bondad genérica se concreta en perdón, que se dilata en la abundancia de *hesed*, que es una de las características de la definición del nombre divino de la tradición exódica (cf. Ex 34,6, citado en el v. 15 de nuestro salmo; cf., además, Nm 14,18; Sal 103,8; Jl 2,13; Jon 4,2). Si Yhwh es así «para *todo* el que le grita» y el salmista está gritándole «todo el día» (v. 3 de nuestro salmo), el argumento *a fortiori* implícito es claro.

vv. 6-7. El v. 6 reclama la atención de Dios, explicitando en su segundo hemistiquio el tipo de oración: súplica de un favor/gracia (plural intensivo). Su contenido concreto será aclarado después (cf. v. 14), pero el término, junto con el lenguaje general del salmo (siervo-Señor), hacen pensar en un contexto metafórico de servidumbre. El v. 7, que también podría traducirse en presente, manifiesta el motivo fundamental de la confianza con la cual el orante se dirige a Dios: Él siempre responde.

vv. 8-10. Ningún Dios es como Yhwh (cf. Ex 15,11; Dt 3,24; Sal 40,6; 71,19; 89,7). Nadie se le puede comparar en su ser («no hay como tú», «grande (eres) tú») ni en su obrar («no hay como tus obras», «obras maravillas»). Es más, no hay otros dioses (cf. v. 10b, la idea de la unicidad de Dios está presente en textos tardíos).

«Obras» (v. 8) y «que has hecho» (v. 9) tienen la misma raíz hebrea. Es cierto que el término usado para «obras» puede referirse a la creación (cf. Sal 19,2; 102,26; 104,24), pero también se aplica a la intervención de Yhwh en la historia (cf. Ex 34,10; Dt 11,7; Sal 118,17), incluso Israel (cf. Is 60,21) y Asiria (cf. 19,25) son obra de Dios. Es en este sentido que las naciones, que se alejaron de(l único) Dios, volverán (cf. v. 9 de nuestro salmo). Estos versículos, en su conjunto, proclaman la unicidad y excelencia de Dios. A nivel sintáctico, el v. 10 podría ser el discurso de las naciones cuando llegan junto a Yhwh (como Sal 126,2; 138,5-6).

v. 11. El verbo hebreo traducido por «enseñar» no se refiere al campo semántico del «mostrar», sino al de «instruir». Se está pidiendo a Dios que sea Él quien instruya en su camino (metáfora de la vida moral) y prometiendo que se caminará por él (cf. Sal 25,4-5.8.10; 26,3; 27,11). El posesivo de «tu fidelidad» puede entenderse como subjetivo (la fidelidad de Dios) u objetivo (la fidelidad del fiel a Dios).

El «corazón unificado» alude al mandamiento de amar a Dios con todo el corazón (cf. nuestro v. 12a y Dt 6,5), de ahí la relación que el versículo establece con el «temor de Yhwh». La angustia dispersa el corazón (sede no de los sentimientos, sino del pensamiento y la decisión) y distorsiona la correcta relación con Dios. Ben Sira recuerda que temor de Yhwh y corazón unificado van de la mano: «No desobedezcas el temor del Señor, ni te acerques a él con corazón doble» (Sir 1,28; cf. v. 30). Además, la expresión hace referencia a la promesa de Jr 32,38-41, particularmente v. 39: «Les daré corazón único y camino único, para que me teman todos los días, para que (vaya) bien a ellos y a sus hijos después de ellos» (cf. Sal 86,5.11a.15b; Ez 11,19-20; 36,26-27).

vv. 12-13. Esto versículos introducen el elemento de la acción de gracias, fundamental en los salmos de súplica. Probablemente haya que entenderlo a modo de voto. El motivo es la *hesed* de Dios, que se concreta en librar la vida del orante de las profundidades del *Sheol* (cf. Os 13,14; Sal 30,4; 49,16; 89,49). Este es el reino de los muertos que a todos iguala, donde no hay esperanza ni se alaba a Yhwh. No debe interpretarse como que Dios saque al orante de allí, sino que evita que acabe en ese lugar (= no le deja morir). Puede entenderse en un sentido literal, pero quizá sea más apropiado el figurado.

v. 14. La fraseología es la de Sal 54,5. Por fin sabemos qué le ocurría al salmista, aunque se trata de un problema muy genérico. Un grupo de presuntuosos, definidos como asamblea de violentos (cf. Sal 1,1), atentan contra el orante. Se trata de una banda (término que sugiere una cierta organización) descrita como arrogante, con sangre fría, carente de escrúpulos. La razón es que prescinden de Dios en sus vidas (cf. Sal 36,2), a diferencia del orante de Sal 16,8. En palabras de Dostoyevski: «¿Qué sería del hombre entonces, sin Dios y sin vida futura? ¿Entonces todo está permitido, puedes hacer lo que quieras?» o «Si no hay un Dios infinito, tampoco hay ninguna virtud ni falta que hace» (cf. Sal 10,4; 14,1; 53,2; 73,11).

vv. 15-16. El v. 15 cita Ex 34,6, la autodefinición de Dios: «Yhwh, Yhwh, Dios compasivo y *favorecedor (ḥanun)*, paciente y abundante de *hesed* y fidelidad» (cf. Jl 2,13; Jon 4,2; Sal 103,8; 111,4; 112,4; 145,8; Neh 9,17-31). «Paciente/indulgente» es, literalmente, «largura de narices», «de nariz larga». Es una cualidad que también puede tener el ser humano (cf. Prov 14,29; 15,18; 16,32; Qo 7,8). En la antropología bíblica, la nariz está en relación con el temperamento. De hecho, la expresión «calentarse las narices» (Sal 106,40 *et passim*) significa enfado. Simplificando mucho podemos decir que cuanto mayor es el tamaño de la nariz, más aire puede coger, mayor es la refrigeración y mayor es la paciencia.

La definición no es metafísica, sino fruto de la experiencia exódica. El ser de Dios se muestra en su obrar. En este sentido, apelando a la naturaleza de Dios manifestada en la liberación de su pueblo, el salmista invoca para sí en el v. 16 la misma acción liberadora. Como hemos señalado, en Egipto Yhwh hizo pasar al pueblo de la servidumbre a

Faraón al servicio divino (cf. Jos 24,15). Reconociéndose siervo/esclavo, perteneciente a una familia de servidores de Dios («*tu* esclava», cf. Sal 116,16), el orante pide la misma acción liberadora. La fuerza de Dios («*tu* fuerza») es una acción suya que se puede ver (cf. Ex 15,13; Sal 77,15; 105,4-5), incluso en la liturgia del Templo (cf. Sal 63,3; 96,6). La fuerza del hombre está en Dios (cf. Sal 84,6; 140,8), que se la puede dar (cf. Sal 68,36).

v. 17. El salmo concluye pidiendo un signo que haga avergonzar a los enemigos. No basta una *palabra* de confirmación, es necesario el signo. De hecho, es la vida del orante en la que Dios interviene la que se convierte en signo, o, de otro modo, la intervención de Dios en la vida de su siervo. El uso de la raíz «obrar» remite a los vv. 8 y 10, donde se habla de las obras de Yhwh. Dios hace maravillas en la historia y en la vida de cada fiel.

La finalidad del signo es que los malvados vean que Yhwh ha ayudado y consolado a aquel a quien propiciaban el mal. Aunque no se diga explícitamente, el signo beneficioso para el orante será motivo de que los malvados (re)conozcan al Dios del cual prescindían (cf. v. 14b). Si la falta de Dios permitía a sus conciencias obrar el mal, el signo evidente que pide el salmista los llevará a una conversión mediada por el bochorno de reconocer su error (cf. Sb 5,1-13). El salmo no acaba pidiendo la aniquilación de los malvados, sino su cambio.

Ap 15,4 utiliza Sal 86,9 omitiendo «que has hecho»: «¿Quién no temerá y glorificará tu nombre? Porque (tú) solo (eres) santo, porque *todas las naciones volverán y se postrarán ante tu rostro*, porque tus juicios fueron manifestados». Se trata de lo que el Apocalipsis llama «el cántico de Moisés, el siervo de Dios, esto es, el cántico del Cordero», y lo cantan en el cielo todos los salvados. Al emplear Sal 86, el último libro de la Biblia cristiana extiende la salvación más allá de los límites visibles de la comunidad a todas las naciones.

1 Tes 5,9-10

⁹ ὅτι οὐκ ἔθετο ἡμᾶς ὁ θεὸς εἰς ὀργὴν ἀλλ᾽ εἰς περιποίησιν σωτηρίας διὰ τοῦ κυρίου ἡμῶν Ἰησοῦ Χριστοῦ ¹⁰τοῦ ἀποθανόντος ὑπὲρ ἡμῶν, ἵνα εἴτε γρηγορῶμεν εἴτε καθεύδωμεν ἅμα σὺν αὐτῷ ζήσωμεν.

⁹ Pues no nos puso Dios para la ira, sino para la posesión de la salvación por medio de nuestro Señor Jesucristo, ¹⁰ que murió por nosotros, para que, ya velemos ya durmamos, vivamos junto con él.

Este fragmento del primer escrito del Nuevo Testamento forma parte de la exhortación escatológica de la carta (1 Tes 4,13–5,11), concretamente de la sección sobre el Día del Señor (5,1-11). La atención se centra en la vigilancia constante y la preparación ante la Parusía. Lo propio de los hijos de la luz (v. 5) es velar y vivir sobriamente (v. 6). Eso se lleva a cabo revistiéndose la armadura de las virtudes teologales: «la coraza de la fe y la caridad, el yelmo de la esperanza de salvación» (v. 8). La razón de pertrecharse así es que Dios quiere nuestra salvación (v. 9). La alerta escatológica permite al creyente escapar de la ira de Dios. Los esfuerzos por vivir vigilantes y con una vida moral recta tienen su recompensa.

v. 9. La «ira» de Dios, propia del «día de Yhwh» (cf. Is 13,9; Sof 1,18; 2,3), no es una respuesta emocional, sino la dimensión retributiva de la justicia divina, sin la cual una misericordia mal entendida se convertiría en falta de misericordia hacia los maltratados. En 2 Tes 2,14 se vuelve a utilizar «posesión» de la gloria de Jesús: «Dios os ha escogido como primicia para la salvación mediante la acción santificadora del Espíritu y la fe en la verdad. Para esto os ha llamado por medio de nuestro Evangelio, para posesión de la gloria de nuestro Señor Jesucristo» (vv. 13b-14, «como primicia» o «desde el principio»).

v. 10. El plan divino se concreta en la salvación cristológica. Pablo, en lugar de hacer referencia directa a la Parusía futura, alude al misterio pascual: Jesús murió para que vivamos con él, que vive (cf. 1 Tes 4,14: «si creemos que Jesús *murió y que resucitó*, de la misma manera Dios llevará consigo a quienes murieron en Jesús»). Sin mencionar una muerte vicaria, el autor de la carta señala como finalidad de la muerte de Cristo la convivencia con él. De este modo, la salvación consiste en (con)vivir con/en Cristo. No es solo «estar con» el Señor (4,17), sino vivir con él (5,10).

Porque hemos sido destinados a poseer la salvación, a vivir con Cristo sea en esta vida o en la futura (velar y dormir son metáforas para describir el estar vivo o muerto), el comportamiento debe ser acorde, vigilando y viviendo con sobriedad.

Martes
(Sal 143 ; 1 Pe 5,8-9a)

Salmo 143 (142)
Súplica individual

«Si camino en medio de angustia, me haces vivir;
contra la ira de mis enemigos envías tu mano
y me salva tu diestra»

Sal 138,7

¹ מִזְמ֗וֹר לְדָ֫וִ֥ד
יְהוָ֤ה׀ שְׁמַ֬ע תְּפִלָּתִ֗י הַאֲזִ֥ינָה אֶל־תַּחֲנוּנַ֑י בֶּאֱמֻנָתְךָ֥ עֲ֝נֵ֗נִי בְּצִדְקָתֶֽךָ׃

² וְאַל־תָּב֣וֹא בְ֭מִשְׁפָּט אֶת־עַבְדֶּ֑ךָ כִּ֤י לֹֽא־יִצְדַּ֖ק לְפָנֶ֣יךָ כָל־חָֽי׃

³ כִּ֥י רָדַ֪ף אוֹיֵ֨ב׀ נַפְשִׁ֗י דִּכָּ֣א לָ֭אָרֶץ חַיָּתִ֑י הוֹשִׁיבַ֥נִי בְ֝מַחֲשַׁכִּ֗ים כְּמֵתֵ֥י עוֹלָֽם׃

⁴ וַתִּתְעַטֵּ֣ף עָלַ֣י רוּחִ֑י בְּ֝תוֹכִ֗י יִשְׁתּוֹמֵ֥ם לִבִּֽי׃

⁵ זָכַ֤רְתִּי יָמִ֨ים׀ מִקֶּ֗דֶם הָגִ֥יתִי בְכָל־פָּעֳלֶ֑ךָ בְּֽמַעֲשֵׂ֖ה יָדֶ֣יךָ אֲשׂוֹחֵֽחַ׃

⁶ פֵּרַ֣שְׂתִּי יָדַ֣י אֵלֶ֑יךָ נַ֝פְשִׁ֗י כְּאֶֽרֶץ־עֲיֵפָ֖ה לְךָ֣ סֶֽלָה׃

⁷ מַ֘הֵ֤ר עֲנֵ֨נִי׀ יְהוָה֮ כָּלְתָ֪ה ר֫וּחִ֥י אַל־תַּסְתֵּ֣ר פָּנֶ֣יךָ מִמֶּ֑נִּי וְ֝נִמְשַׁ֗לְתִּי עִם־יֹ֥רְדֵי בֽוֹר׃

⁸ הַשְׁמִ֘יעֵ֤נִי בַבֹּ֨קֶר׀ חַסְדֶּךָ֮ כִּֽי־בְךָ֪ בָ֫טָ֥חְתִּי הוֹדִיעֵ֗נִי דֶּֽרֶךְ־ז֥וּ אֵלֵ֑ךְ כִּֽי־אֵ֝לֶ֗יךָ נָשָׂ֥אתִי נַפְשִֽׁי׃

⁹ הַצִּילֵ֖נִי מֵאֹיְבַ֥י׀ יְהוָ֗ה אֵלֶ֥יךָ כִסִּֽתִי׃

¹⁰ לַמְּדֵ֤נִי׀ לַֽעֲשׂ֣וֹת רְצוֹנֶךָ֮ כִּֽי־אַתָּ֪ה אֱל֫וֹהָ֥י רוּחֲךָ֥ טוֹבָ֑ה תַּ֝נְחֵ֗נִי בְּאֶ֣רֶץ מִישֽׁוֹר׃

¹¹ לְמַֽעַן־שִׁמְךָ֣ יְהוָ֣ה תְּחַיֵּ֑נִי בְּצִדְקָתְךָ֓׀ תּוֹצִ֖יא מִצָּרָ֣ה נַפְשִֽׁי׃

¹² וּֽבְחַסְדְּךָ֮ תַּצְמִ֪ית אֹ֫יְבָ֥י וְֽ֭הַאֲבַדְתָּ כָּל־צֹרֲרֵ֣י נַפְשִׁ֑י כִּ֝֗י אֲנִ֣י עַבְדֶּֽךָ׃

¹Salmo. De David.
Yhwh, escucha mi oración, oye mis súplicas-de-un-favor
por tu fidelidad, respóndeme por tu justicia.
²Pero no vengas a juicio con tu siervo,
porque no es justo ante ti ningún viviente.
³Ciertamente persigue el enemigo mi aliento, aplasta contra
la tierra mi garganta,
me hace habitar en tinieblas como a los muertos de antaño.

⁴Languideció en mí mi *ruah,*
en medio de mí está yerto mi corazón.
⁵Recordé los días de antes, musité todas tus acciones,
en la obra de tus manos meditaré.
⁶Extendí mis manos hacia ti,
mi garganta como tierra exhausta a ti. *Pausa.*
⁷Apura, respóndeme, Yhwh, se acaba mi *ruah;*
no escondas tu rostro de mí,
pues se me comparará con los que bajan a la fosa.
⁸Hazme escuchar, por la mañana, tu *hesed,* porque en ti confié;
hazme conocer el camino que debo caminar,
porque a ti elevé mi garganta.
⁹Líbrame de mis enemigos, Yhwh, hacia ti me cubrí,
¹⁰enséñame a obrar tu voluntad porque tú (eres) mi Dios
tu *ruah* buena
me guíe por tierra recta.
¹¹A causa de tu nombre, Yhwh, presérvame-vivo;
por tu justicia haz salir de la angustia mi garganta
¹²y por tu *hesed* aniquila a mis enemigos,
y haz perecer a todos los que angustian mi garganta,
porque yo (soy) tu siervo.

Dentro del libro V del Salterio (Sal 107-150), entre el «Gran Hallel» (Sal [135-]136) y el Hallel final (Sal 146-150) se encuentra una especie de «oración del desterrado» (Sal 137-145), la quinta y última colección davídica, en respuesta a Sal 137 (cantar un cántico de Sion en tierra extranjera): seis súplicas (Sal 139-144) enmarcadas por dos cantos de alabanza (Sal 138; 145).

Junto con la indicación «pausa» al final del v. 6, la repetición del imperativo «respóndeme» divide el salmo en dos partes. La primera está dominada por la exposición del motivo de la súplica ante una situación grave causada por la persecución del enemigo (vv. 1-6), la segunda por peticiones encadenadas que conducen a la súplica final: acaba con mis enemigos (vv. 7-12; la liturgia suprime el v. 12). La LXX, después de «Salmo. De David», tiene el *plus* «cuando lo persigue el hijo», refiriéndose probablemente a Absalón (cf. 2 Sm 15).

vv. 1-2. En el v. 1, el salmista retoma tres peticiones clásicas del Salterio: «escucha mi oración» (Sal 4,2; 54,4 *et passim*), «oye mis súplicas-de-un-favor» (Sal 5,2; 54,4 *et passim*) y «respóndeme» (Sal 4,2; 17,1 *et passim*). Sin embargo, el orante no suplica apelando a su condición de justo (como hace, por ejemplo, el salmista de Sal 17), ni siquiera pide justicia, sino que busca una gracia/favor divino (cf. la inclusión «por tu justicia» en los vv. 1.11 de nuestro salmo).

A lo largo del salmo, van a ir apareciendo las razones aducidas que deberían suscitar la intervención divina: «por tu fidelidad» (v. 1), «por tu justicia» (vv. 1.11), «porque no es justo ante ti ningún viviente» (v. 2), «porque tú [eres] mi Dios» (v. 10), «a causa de tu nombre» (v. 11), «por tu *hesed*» (v. 12), «porque yo [soy] tu siervo» (v. 12). Todas apelan a la naturaleza y acción de Yhwh, el ser humano no tiene otro mérito que aportar que tenerlo por Dios y ser su siervo, expresión con la que concluye este salmo (vv. 2.12). Nadie resistiría en un juicio ante la santidad de Yhwh, pues «no hay nadie tan honrado en la tierra que haga el bien sin nunca pecar» (Qo 7,20), «¿quién puede decir: "Soy puro, estoy limpio de pecado"?» (Prov 20,9), de hecho, Dios «encuentra defectos hasta en sus ángeles» (Job 4,18b, cf. vv. 17-19; 9,2; 15,14-16; 25,4-6; 32,2). En este sentido, «ningún viviente» (lit.: «todo viviente») parece remitir al segundo relato de la creación (Gn 2,4-3,24), concretamente a Gn 3,20.

vv. 3-6. «El enemigo», aunque está en singular, debe referirse a un colectivo (cf. el uso plural en vv. 9.12). El término utilizado para «aplastar» (v. 3) parece sugerir, por su uso en el contexto del Salterio, que tiene por objeto al pobre. En cualquier caso, estos versículos describen una persecución a muerte. Así lo sugiere el paralelismo entre «tierra» y «tinieblas», junto con la referencia a «los muertos». El v. 3c comparte fraseología con Lm 3,6. El v. 4 utiliza el estado físico del salmista (respiración y pulso) para describir su interioridad. «*Ruah*», espíritu, se refiere al deseo de vivir (cf. Sal 142,4) y «mi corazón» a la sede de su razón y voluntad. De hecho, lo que se está describiendo es el desaliento y desánimo de quien es perseguido.

Ante la tremenda situación que tiene al salmista con un pie en la tumba, su reacción espontánea es recordar las antiguas proezas de Yhwh (v. 5; cf. Sir 2,10), movimiento que se encuentra en el Salterio (cf. Sal 22,5-6; 77,6.12). Como en Sal 92,5, las «acciones» evocan la intervención de Yhwh en el éxodo y «la obra de tus manos» la creación (cf. Sal 8,3.7; 19,2; 102,26). El orante busca actualizar en su presente la historia pasada y la potencia creadora de Dios.

Extender las manos (v. 6) es signo de oración (cf. Sal 28,2; 77,3; 88,10; 141,2), pero el paralelismo de nuestro salmo es más poético: a la obra de las manos de Yhwh (cuya acción precede) corresponde la elevación de las manos del orante. La precedencia de la acción divina quedó recogida en el Decálogo *hebreo*, cuyo primer mandamiento es: «Yo soy Yhwh, tu Dios, que te hice salir de la tierra de Egipto, de la casa de la esclavitud» (Dt 5,6; cf. Ex 20,2). La gracia precede a los mandamientos, paradójicamente formando parte de ellos. «Mi garganta como tierra exhausta/sedienta a ti» retoma la fraseología de Sal 63,2, expresando el profundo deseo que el salmista tiene de Dios (cf. Prov 25,25).

vv. 7-8. La urgencia del orante («apura», v. 7) se debe a que ya no es que languidezca (v. 4a), es que se le acaba la vida (v. 7). Apurar a Dios, pues sus tiempos no son los nuestros, es un motivo recurrente en el Salterio (cf. Sal 69,18; 79,8; 102,3). Pedirle a Yhwh que no oculte su rostro, además de evocar la bendición aarónica (cf. Nm 6,26), tiene relación con el bienestar del orante: «[si] escondes tu rostro, se aterran; retiras su *ruah* y expiran, y retornan a su polvo» (Sal 104,29; cf. Sal 27,9; 69,18; 102,3).

La mañana (v. 8) es momento de la intervención salvífica de Dios (cf. Sal 5,4; 30,6; 59,17; 90,14). Además, el orante reconoce que necesita ser instruido por Yhwh (cf. el v. 10 de nuestro salmo y Sal 25,4-5; 32,8; 119,27 *et passim*), quizá reconociendo que en algún momento se equivocó (y no puede descartarse que sea el motivo de la persecución que experimenta).

vv. 9-10. El verbo «cubrir» (la LXX tradujo «huir», en el sentido de huir buscando refugio) puede ser reflexivo («cubrirse», cf. Ez 16,18; Jon 3,6), pero la preposición usada en nuestro salmo no acaba de funcionar del todo como complemento de régimen («cubrirse *con*», como si la expresión fuese cubrirse con la sombra protectora de Yhwh). El sentido del hemistiquio es claro, aunque el texto sea oscuro.

El v. 10 continua con la necesidad que el salmista tiene de ser instruido. Traducimos «buen espíritu» aunque no lleve artículo en el salmo (quizá *metri causa*) porque en Neh 9,20 sí lo tiene: «Tu espíritu bueno les diste para ins-

truirlos». Son los únicos pasajes en que se encuentra la
expresión y, en el caso de Nehemías, se utiliza en la liturgia
penitencial y referida a la guía de Yhwh por el desierto
tras el éxodo. Además, el «buen espíritu» de Yhwh recuerda al «mal espíritu de parte de Yhwh» que atormentaba a
Saúl (1 Sm 16,14). Es importante señalar que no se trata de
bondad o maldad intrínseca, ontológica o moral, sino que
el calificativo viene de la misión encomendada al espíritu.
Por otro lado, la metáfora del camino recto como conducta moral (cf. 1 Sm 12,23 *et passim*) se ve ampliada en nuestro salmo a la «tierra recta» (Sal 143,10). De algún modo
evoca «la tierra» contra la que aplastaban la garganta del
salmista (cf. v. 3), una garganta sedienta por Dios como
«tierra exhausta» (v. 6). Ahora se pide una tierra de rectitud
moral.

vv. 11-12. En el v. 11 el orante suplica a Yhwh que no lo
deje morir (cf. Sal 30,4; 33,19; 41,3; 71,20; 80,19; 138,7).
Además, el término «garganta» evoca distintos puntos de
nuestro salmo (vv. 3.6.8). La destrucción del malvado parece ser la otra cara de la *hesed* (v. 12). Sin embargo, es interesante considerar qué podemos hacer con expresiones
como estas que se encuentran con cierta frecuencia en los
salmos.

Merece la pena leer al menos algunos de los textos impre-
catorios del Salterio, particularmente Sal 28,4; 35,4-6; 54,7;
58,7-12; 94,23; 109,16-20; 125,5; 137,8-9; 139,19; 140,9-12.
La solución para estos pasajes no es quitarlos, obviarlos o
despacharlos achacándoselos a un «Dios veterotestamen-
tario». Las imprecaciones tienen su función en la oración:
desahogarse *ante Dios*, en palabras del propio Salterio, «de-
rramo ante él mi lamento, mi angustia ante él expongo»
(Sal 142,3). Yhwh comprende (cf. Sal 33,15), no rechaza.

Expresar *ante él* nuestros sentimientos evita hacerlo ante quien no se debe o ante quien va a alimentar nuestro enojo (cf. Gn 37,18-20). Ningún salmo pide fuerza para acabar uno con el malvado, sino que en ellos se verbalizan ante Dios los sentimientos que el orante tiene en el corazón. Cosa que, dicho sea, Caín no hizo. Dios le preguntó por qué estaba enfadado y cabizbajo (cf. Gn 4,6), pero, en lugar de expresar los motivos de su estado de ánimo, acabó estallando contra su hermano poniéndole fin a su vida.

⁸ νήψατε, γρηγορήσατε. ὁ ἀντίδικος ὑμῶν διάβολος ὡς λέων ὠρυόμενος περιπατεῖ ζητῶν τινα καταπιεῖν· ⁹ ᾧ ἀντίστητε στερεοὶ τῇ πίστει.

⁸ Sed sobrios, velad. Vuestro adversario, el diablo, como león rugiente, ronda buscando a alguien para devorar. ⁹ A ese resistid firmes en la fe.

El cierre de la primera carta atribuida a Pedro (1 Pe 4,12–5,11) aborda la conducta apropiada ante los sufrimientos infligidos a los cristianos (5,6-11), probablemente de las comunidades del norte de Asia Menor (1,1).

v. 8. Los imperativos que abren el v. 8 («sed sobrios» y «velad») tienen en el NT un matiz escatológico (cf. su presencia conjunta en 1 Tes 5,6). La sobriedad (1 Pe 1,13; 4,7) tiene que ver con la lucidez, mientras que la vela evoca la metáfora militar del soldado que está de guardia. Aunque Dios cuida de nosotros (5,7), requiere una actitud despierta y vigilante por nuestra parte.

En el NT, «adversario» se refiere a un oponente en un tribunal (cf. Mt 5,25//Lc 12,58; Lc 18,3), pero en la LXX también se aplica a los que se oponen al pueblo de Israel, aunque sin perder la valencia judicial (cf. Is 41,11; Jr^LXX 27,34; 28,36; Est 8,11). Quizá aquí también tenga más el sentido de uno que se opone al plan de Dios causando su-frimiento a los cristianos. Aunque «diablo» significa literal-mente «acusador», en el NT se trata del demonio, rebelde príncipe del mal, enemigo de los designios divinos y origen del engaño. Él es la causa de las tribulaciones de los cris-tianos. La oposición a la que se enfrentan no es solo huma-na, y ese duro trato recibido por medio de los agentes del mal podría provocar que los creyentes renegasen de la fe.

El león rugiente es una de las metáforas que la Biblia usa para los enemigos (cf. Sal 22,14; Ez 22,25; también en Qumrán). El verbo traducido por «devorar» es un com-puesto de «beber», pero se aplica igualmente a animales que engullen a sus presas (cf. Jon 2,1; Tob 6,3; referido a Nabucodonosor, Jr^{LXX} 28,34).

v. 9. Resistir al demonio es una admonición que también se encuentra en Sant 4,7 («Someteos, pues, a Dios; resistid al diablo y *él huirá de vosotros*») y Ef 6,11-13 («*Revestíos de las armas de Dios* para poder resistir a las acechanzas del diablo»). La idea que se desprende del conjunto de estos textos es que el cristiano se encuentra inmerso en una batalla espiritual, que con Dios de su lado podrá ganar.

La resistencia firme en la fe indica la permanencia en ella (cf. Col 1,23), sin abandonarla. Los autores se dividen en cómo entender «fe» en este contexto, si como «confian-za» o como «doctrina». No creo que tengamos que escoger.

Por último, me parece interesante recoger la segunda parte del v. 9: «sabiendo que vuestros hermanos que están en el mundo soportan los mismos sufrimientos». Sin duda esto añade la dimensión comunitaria de la fe, que es un motivo más para resistir.

Miércoles
(Sal 31,2–6; Sal 130; Ef 4,26–27)

Salmo 31 (30),2-6
Súplica confiada de un afligido

«Padre, a tus manos confío mi espíritu»
Lc 23,46

¹ לַמְנַצֵּחַ מִזְמוֹר לְדָוִד׃

² בְּךָ יְהוָה חָסִיתִי אַל־אֵבוֹשָׁה לְעוֹלָם בְּצִדְקָתְךָ פַלְּטֵנִי׃

³ הַטֵּה אֵלַי אָזְנְךָ מְהֵרָה הַצִּילֵנִי הֱיֵה לִי לְצוּר־מָעוֹז לְבֵית מְצוּדוֹת לְהוֹשִׁיעֵנִי׃

⁴ כִּי־סַלְעִי וּמְצוּדָתִי אָתָּה וּלְמַעַן שִׁמְךָ תַּנְחֵנִי וּתְנַהֲלֵנִי׃

⁵ תּוֹצִיאֵנִי מֵרֶשֶׁת זוּ טָמְנוּ לִי כִּי־אַתָּה מָעוּזִּי׃

⁶ בְּיָדְךָ אַפְקִיד רוּחִי פָּדִיתָה אוֹתִי יְהוָה אֵל אֱמֶת׃

¹Del director. Salmo. De David.
²En ti, Yhwh, me refugié, no esté avergonzado para siempre
  por tu justicia líbrame.
³Inclina hacia mí tu oído, rápidamente libérame,
  conviértete en mi roca de refugio, en un edificio fortificado
  para salvarme,
⁴porque mi acantilado y mi fortificación (eres) tú,
  y por tu nombre me guías y escoltas.
⁵Hazme salir de la red que me habían escondido,
  porque tú (eres) mi refugio
⁶En tu(s) mano(s) deposito mi espíritu,
  (pues) me has rescatado, Yhwh, Dios fiel.

Este salmo nace de un problema social del orante, en un
contexto judicial en que se apela a la justicia (divina). Las

conexiones con Jeremías nos invitan a pensar en un *hasid* sufriente que se mantiene fiel a su misión profética. Debido a la extensión del texto bíblico que no se recita en Completas (vv. 7-25), no lo consideraremos entero. La primera parte del salmo (vv. 2-5.6-9) es un cántico de confianza en forma de petición (cf. los imperativos de los vv. 2-5).

v. 2. «En ti, Yhwh» indica que el refugio del orante es el mismo Dios, antes que un lugar. La vergüenza tiene siempre un alcance social. En el caso del salmo se le añade la dimensión temporal de perpetuidad («para siempre»). Esta expresión reaparece en el v. 18: «Yhwh, no me tenga que avergonzar de haberte invocado, avergüéncense los malvados» (cf. Sal 25,2.20; 22,6; 30,2; Sir 2,10).

vv. 2-5. En estos versículos se desarrollan imágenes militares y de caza: «líbrame», «libérame», «sálvame», «me guías y escoltas», «roca de refugio», «edificio fortificado», «fortificación», «la red que me habían escondido», «refugio». Cual animal acosado, cual ciudad atacada, el orante necesita que Yhwh lo rescate. Dios es descrito, con el imaginario propio de la Biblia, como estabilidad y seguridad (cf. Sal 18,2-3; 19,15; 28,1.8; 42,10; 62,3.7.8; 71,3; 73,26; 91,2; 94,22; 144,1-2 *et passim*), que remite al monte Sion y su Templo (cf. Sal 48,2-4). La atención de Yhwh («inclina hacia mí tu oído») y la prisa se encuentran también en Sal 40,2.14.

Es interesante notar cómo el orante pide a Dios que sea/actúe como lo que es: «Conviértete (1) en mi roca de refugio, (2) en un edificio fortificado [...], (2) porque [...] mi fortificación (eres) tú [...], (1) porque tú eres mi refugio» (vv. 3b-4a.5b).

En el hemistiquio 4b se aúna la dirección bajo un pastor-rey seguro (cf. Sal 5,9; 23,1-4; 43,3) con el nombre divino. Yhwh actúa por su nombre/fama (cf. Sal 25,11; 79,9; 109,21; 143,11), pues en cómo obre queda comprometido cómo es. A este respecto merece la pena leer un pasaje de Ezequiel: «Pero obré [diversamente] por mi nombre, para que no fuese profanado a los ojos de las naciones en medio de las cuales estaban, ante cuyos ojos me revelé al sacarlos de la tierra de Egipto» (Ez 20,9; cf. vv. 14.22; 36,20-21; Is 48,9).

La red escondida (v. 5 de nuestro salmo) es un tópico en el Salterio (cf. Sal 9,16; 35,7-8; 64,6; 140,6; 142,4). Yhwh puede sacar de ella (cf. Sal 25,15). Nuestro salmo establece un contraste: los enemigos esconden trampas (v. 5), pero Yhwh esconde a los que lo temen (vv. 20-21).

v. 6. El verbo «deposito» es del ámbito legal comercial (cf. Lv 5,21.23), e implica confiar un depósito a un custodio. El orante encomienda a Dios no un bien o propiedad, sino su propia vida («espíritu» o «aliento», cf. Nm 27,16), porque se fía de él, porque sabe que es «fiel» (cf. Ex 34,6; Dt 32,4; Sal 36,6). El «espíritu» es lo que Dios dio al ser humano para que fuese un ser viviente (cf. Gn 2,7; 6,3; Ez 37,5-6; Qo 12,7), sin él muere (cf. Gn 6,3; Sal 104,29).

El verbo «rescatar» también es usado en contexto cúltico-legal (cf. Ex 13; 34,20; Lv 27,27; Nm 18,15-16). La contradicción observada por Schökel al ser el mismo el depositario y el rescatador puede resolverse considerando los dos planos temporales: en tus manos puedo depositar mi espíritu (ahora) porque me has rescatado (en otras ocasiones). De hecho, el verbo *pdh* es utilizado cuando Yhwh rescató a Israel de Egipto (cf. Dt 7,8; 9,26; 13,6; 24,18; 2 Sm 7,23b; Miq 6,4 *et passim*).

«En tus manos» es retomado en el v. 16, contraponiendo las manos de Dios y las de los enemigos: «en tus manos está mi destino, líbrame de las manos de enemigos y perseguidores». Las referencias bíblicas a las manos de Dios nos hablan de su poder para crear, bendecir, liberar, curar y proteger.

La versión griega de Sal 31,6a es utilizado en el NT por Jesús en el momento de expirar: «Y, habiendo dado un fuerte grito, Jesús dijo: "Padre, *a tus manos confío mi espíritu"*. Mas, habiendo dicho esto, expiró» (Lc 23,46, cf. Hch 7,59; por su parte, Mc 15,34 y Mt 27,46 utilizan Sal 22,2). En el tercer evangelio, Jesús usa el vocativo «Padre» cuando reza (cf. Lc 10,21; 11,2; 22,42; 23,34). La frase de Lc 23,46 son sus últimas palabras antes de morir. El uso de la fraseología sálmica subraya la confianza en Dios y la esperanza de la liberación.

Salmo 130 (129)
Súplica desde las profundidades

«Tú (eres) el dios de los perdones»
NEH 9,17

¹ שִׁיר הַמַּעֲלוֹת מִמַּעֲמַקִּים קְרָאתִיךָ יְהוָה׃
² אֲדֹנָי שִׁמְעָה בְקוֹלִי תִּהְיֶינָה אָזְנֶיךָ קַשֻּׁבוֹת לְקוֹל תַּחֲנוּנָי׃
³ אִם־עֲוֺנוֹת תִּשְׁמָר־יָהּ אֲדֹנָי מִי יַעֲמֹד׃
⁴ כִּי־עִמְּךָ הַסְּלִיחָה לְמַעַן תִּוָּרֵא׃
⁵ קִוִּיתִי יְהוָה קִוְּתָה נַפְשִׁי וְלִדְבָרוֹ הוֹחָלְתִּי׃
⁶ נַפְשִׁי לַאדֹנָי מִשֹּׁמְרִים לַבֹּקֶר שֹׁמְרִים לַבֹּקֶר׃
⁷ יַחֵל יִשְׂרָאֵל אֶל־יְהוָה כִּי־עִם־יְהוָה הַחֶסֶד וְהַרְבֵּה עִמּוֹ פְדוּת׃
⁸ וְהוּא יִפְדֶּה אֶת־יִשְׂרָאֵל מִכֹּל עֲוֺנֹתָיו׃

¹Canto de las subidas.
  Desde las profundidades te grito, Yhwh,
²mi Señor, escucha mi voz,
  estén tus oídos atentos
  a la voz de mi súplica-de-un-favor.
³Si las culpas guardas, Yh,
  mi Señor, ¿quién se mantendrá (en pie)?
⁴Pero contigo (está) el perdón,
  de modo que seas temido.
⁵Esperé, Yhwh, esperó mi aliento
  y a su palabra aguardé.
⁶Mi vida (está) hacia mi Señor,
  más que los guardianes hacia la mañana.
  Los guardianes (están) hacia la mañana,

[7] aguarde (así) Israel a Yhwh, porque con Yhwh (está) la *hesed*,
y abundantemente con él (está) la redención;
[8] y él redimirá a Israel
de todas sus culpas.

Sal 130 se encuentra entre los salmos conocidos como «Salmos de las subidas» (Sal 120-134) que ya introdujimos antes. Si estos quince salmos eran rezados en orden, Sal 130 sería quizá de los recitados una vez llegados a Jerusalén (cf. Sal 122,2). Estamos ante uno de los siete salmos tradicionalmente clasificados como penitenciales (Sal 6; 12; 38; 51; 102; 130; 143). Con Ravasi, podemos distinguir, después de la introducción (Sal 130,1-2), una súplica en la que se diferencia el tú referido a Dios (vv. 3-4), el yo del orante (vv. 5-6) y la referencia a todo el pueblo (vv. 7-8).

vv. 1-2. El término «profundidades» se utiliza siempre para referirse a las aguas profundas del mar (cf. Sal 69,3.5; Is 51,10; Ez 27,34). No obstante, aquí tiene un sentido existencial, concretamente una situación percibida como causada por pecado (cf. «culpas» en vv. 3.8). Caos, angustia, casi *Sheol*-muerte. Además, se establece un eje vertical que marca la distancia entre Creador (en el cielo, cf. Sal 103,19; 115,3) y criatura (en las profundidades). El verbo «gritar» podría traducirse también por «llamar».

«Mi Señor» (vv. 2.3.6) establece un vínculo especial entre Dios y el orante, que se reconoce siervo, como había hecho en Sal 123,2-3 (cf. Sal 86,2-3; 116,16). Se trata de una relación potente que confía conseguir favores/gracias (cf. 2 Sm 14,22; 16,4 en contexto humano). De hecho, el término usado para «súplica» es esencialmente la petición de una gracia *(ḥen)*, habitualmente en el contexto de una situación terrible. La elección del término busca establecer una relación con la autodefinición de Dios en Ex 34,6 y la bendición de Nm 6,25. Por otro lado, la expresión «oídos atentos» recuerda la oración de Salomón al consagrar el Templo: «Dios mío, estén tus ojos abiertos y tus oídos atentos, a la oración de este lugar» (2 Cr 6,40; cf. 7,15; Neh 1,6.11; Is 59,1-2).

vv. 3-4. Estos versículos son una petición indirecta de perdón. No se hace distinción entre justo y malvado, o israelita y no israelita: nadie puede decirse inocente ante Dios, todos pecamos (cf. Sal 51,7; 143,2 *et passim*). Ya lo afirmó Salomón en la oración de dedicación del Templo apenas mencionada: «no hay hombre que no peque» (1 Re 8,46; cf. Prov 24,16). El término «culpa» empleado abarca el pecado, el daño producido y las consecuencias que implica. La idea de que Yhwh pudiese almacenar los pecados cometidos no es ajena al pensamiento bíblico (cf. Os 13,12; quizá también Dt 32,34). Que los puede guardar en la memoria es un hecho (cf. Sal 32,2; 79,8). Uno no puede dejar de recordar que el fiel debe *guardar* los mandamientos, normas y alianza de Yhwh (cf. Gn 26,5; Dt 17,19; 28,58; 30,10; Sal 105,45; 119,34 *et passim*), pero con frecuencia no lo hace (cf. Ex 16,28; Sal 78,10).

La fraseología del v. 4 merece ser destacada. El uso del sustantivo «perdón» enfatiza que no se trata de una cualidad subjetiva que pueda ejercerse o no, o de una acción que pueda tener lugar o no, señala una realidad permanente y objetiva que está junto a Dios. La sintaxis vuelve a repetirse con los sustantivos «hesed» y «redención» (cf. v. 7). Parece que se trate de atributos divinos personificados que funcionan a modo de consejeros celestes: Dios tiene permanentemente con él perdón, *hesed* y redención.

El término «perdón» empleado solo se encuentra en Dn 9,9 («El Señor nuestro Dios tiene misericordia y perdones, aunque/pues nos hemos rebelado contra él») y Neh 9,17 («pero tú [eres] el dios de los perdones, gracioso y entrañable, lento a la ira y abundante de *hesed*, y no los abandonaste»). En nuestro salmo (v. 4), el perdón divino tiene la finalidad de causar temor hacia Dios. El temor debe entenderse como asombro (cf. Prov), fascinación y respeto reverencial; en último término como sinónimo de amor (cf. Sir 2,15-17; 34[31],13-17). Es la actitud de quien se descubre limitado y confía en ser aceptado por aquel que, por haber modelado cada corazón, «comprende todas sus acciones» (Sal 33,15). De este modo, el perdón divino es el origen del temor y el fundamento de la esperanza. Dicho de otra manera, «la bondad de Dios te mueve a la conversión» (Rom 2,4). Nótese que el salmo no menciona (la promesa de) un sacrificio o una liturgia oficial de perdón.

vv. 5-6. Porque Dios tiene con él el perdón, el orante sabe aguardar confiado. El salmista espera una palabra/respuesta de Dios: «precedo a la aurora y clamo auxilio, espero tu palabra» (Sal 119,147; cf. vv. 74.81.144). Se trata de una palabra/sentencia salvífica (cf. Sal 107,20).

La repetición de «mi Señor» recuerda la relación con Dios, poéticamente expresada en Sal 123,2: «Como los ojos de los siervos [están vueltos] hacia la mano de sus señores, como los ojos de las siervas [están vueltos] hacia la mano de sus señoras, así nuestros ojos [están vueltos] hacia Yhwh nuestro Dios, hasta que nos favorezca *[ḥnn]*».

La metáfora del centinela que aguarda la mañana (v. 6 de nuestro salmo; cf. Is 21,11-12) tiene el sentido de un gran deseo, pues el cambio de turno permite el descanso de la tensión que supone vigilar. Además, en el mundo bíblico y extrabíblico la mañana es el tiempo de la salvación («Dios la socorre al despuntar el alba», Sal 46,6; cf. Ex 14,24; Sal 5,4; 30,6; 59,17; 88,14; 90,14; 143,8), el momento de hacer justicia (cf. Sal 101,8; Jr 21,12; 2 Sm 15,2). Por lo demás, la última parte de nuestro v. 6 puede entenderse también como una repetición enfática.

vv. 7-8. El v. 7a amplía la esperanza del orante a todo el pueblo. Aparecen dos nuevos atributos divinos que acompañan a Yhwh casi personificados: *hesed* y redención. Este último término se refiere al comercio con esclavos (cf. Ex 21,8) y es aplicado a la liberación de Israel de Egipto (cf. Dt 7,8; 9,26; 13,6; 15,15; 21,8; 24,18; 2 Sm 7,23; Miq 6,4; Sal 78,42; 111,9; Neh 1,10). Es lo que en Sal 31,6 tradujimos por «rescatar». Aunque también se puede referir al pago de la exoneración de la pena capital (cf. Ex 21,28-30; Sal 49,9.16), el binomio *hesed*-redención alude a la alianza (cf. Ex 34,6) y al éxodo respectivamente. Israel puede esperar una palabra de redención de Yhwh porque él es el Dios liberador que ha hecho un pacto con su pueblo. Es por eso por lo que puede perdonar todas sus culpas, también las del salmista que clama desde lo profundo.

Ef 4,26-27

²⁶ ὀργίζεσθε καὶ μὴ ἁμαρτάνετε· ὁ ἥλιος μὴ ἐπιδυέτω ἐπὶ [τῷ] παροργισμῷ ὑμῶν, ²⁷ μηδὲ δίδοτε τόπον τῷ διαβόλῳ.

²⁶ Enfadaos, pero no pequéis. Ni el sol se ponga sobre vuestra ira, ²⁷ ni deis lugar al diablo.

Este texto deuteropaulino se encuentra en una sección de la carta en la que se recogen varias exhortaciones (Ef 4,25–5,20).

v. 26. «Enfadaos, pero no pequéis» es una fraseología tomada de la versión griega de Sal 4,5. El valor del primer imperativo debe ser concesivo, no prescriptivo. Aun así, hay que admitir la existencia de una justa ira. De hecho, por este término no se debe entender «cólera» u «hostilidad», sino más bien «irritación» o «indignación». Además, tampoco hay por qué pensar en tomar la justicia por la propia mano (cf. Rom 12,19).

Los cristianos deben ser «imitadores de Dios» (Ef 5,1), el cual también se aíra (cf. Is 54,8; Rom 1,18; 2,5.8; 5,9). Quizá los textos más llamativos sean los de los evangelios: Mc 3,5; 10,14 (y una variante textual de 1,41). Con todo, puede que en Ef 4,26 se esté refiriendo a la ira/indignación entre los miembros de la comunidad (nótese la referencia comunitaria en el v. 25). En cualquier caso, cuando Ef 4,31-

32 prohíbe la ira, puede interpretarse como la ira que constituye pecado y en el contexto de los demás términos: «Toda
amargura, ira, cólera, gritos, maledicencia y cualquier clase
de maldad, desaparezca de vosotros. Sed amables unos con
otros, compasivos, perdonándoos mutuamente como os
perdonó Dios en Cristo». Si la ira se descontrola, acaba en
maledicencia, si no peor.

En nuestro versículo el autor sugiere que, para prevenir
que la justa ira se convierta en pecado, debe establecerse
un límite temporal: la puesta del sol. Ya Dt 24,15.22 esta-
blecía la puesta de sol como límite para no caer en trans-
gresión. Se trata de un enfoque práctico más que teórico.
Quizá el trasfondo de Efesios se encuentre en la comunidad pitagórica, pues, según Plutarco, «los pitagóricos, que,
sin estar emparentados por nacimiento, pero compartien-
do una disciplina común, si alguna vez fueron llevados a
la recriminación por la ira (ὑπ᾽ ὀργῆς), nunca dejaron que
el sol se pusiera (πρὶν ἢ τὸν ἥλιον δῦναι) antes de juntar sus
manos derechas, abrazarse y reconciliarse» (*Moralia. De fra-
terno amore* 488c).

v. 27. En el corpus paulino «diablo» solo se encuentra en
Efesios (cf. Ef 6,11) y en las llamadas cartas pastorales (cf.
1 Tit 3,6–7,11; 2 Tit 2,26; 3,3; Tit 2,3). No obstante, el uso
neotestamentario del término hace razonable pensar que
se esté refiriendo al demonio y no a un adversario humano. A este ser no se le puede «dar lugar», en el sentido de
«dar espacio», «dar cabida». De este modo, dos son las
recomendaciones para que la (justa) indignación no se
convierta en pecado: reconciliación antes de la puesta de
sol y no dejar que se meta el diablo.

Jueves
(Sal 16; 1 Tes 5,23)

Salmo 16 (15)
Oración de confianza

«Pero, para mí, la cercanía de Dios es mi bien»
Sal 73,28a

¹ מִכְתָּ֥ם לְדָוִ֑ד

שָֽׁמְרֵ֥נִי אֵ֝֗ל כִּֽי־חָסִ֥יתִי בָֽךְ׃

² אָמַ֣רְתְּ לַֽ֭יהֹוָה אֲדֹנָ֣י אָ֑תָּה ט֝וֹבָתִ֗י בַּל־עָלֶֽיךָ׃

³ לִ֭קְדוֹשִׁים אֲשֶׁר־בָּאָ֣רֶץ הֵ֑מָּה וְ֝אַדִּירֵ֗י כׇּל־חֶפְצִי־בָֽם׃

⁴ יִרְבּ֥וּ עַצְּבוֹתָם֮ אַחֵ֢ר מָ֫הָ֥רוּ בַּל־אַסִּ֣יךְ נִסְכֵּיהֶ֣ם מִדָּ֑ם וּֽבַל־אֶשָּׂ֥א אֶת־שְׁ֝מוֹתָ֗ם עַל־שְׂפָתָֽי׃

⁵ יְֽהֹוָ֗ה מְנָת־חֶלְקִ֥י וְכוֹסִ֑י אַ֝תָּ֗ה תּוֹמִ֥יךְ גּוֹרָלִֽי׃

⁶ חֲבָלִ֣ים נָֽפְלוּ־לִ֭י בַּנְּעִמִ֑ים אַף־נַ֝חֲלָ֗ת שָֽׁפְרָ֥ה עָלָֽי׃

⁷ אֲבָרֵ֗ךְ אֶת־יְ֭הֹוָה אֲשֶׁ֣ר יְעָצָ֑נִי אַף־לֵ֝יל֗וֹת יִסְּר֥וּנִי כִלְיוֹתָֽי׃

⁸ שִׁוִּ֬יתִי יְהֹוָ֣ה לְנֶגְדִּ֣י תָמִ֑יד כִּ֥י מִ֝ימִינִ֗י בַּל־אֶמּֽוֹט׃

⁹ לָכֵ֤ן ׀ שָׂמַ֣ח לִ֭בִּי וַיָּ֣גֶל כְּבוֹדִ֑י אַף־בְּ֝שָׂרִ֗י יִשְׁכֹּ֥ן לָבֶֽטַח׃

¹⁰ כִּ֤י ׀ לֹא־תַעֲזֹ֣ב נַפְשִׁ֣י לִשְׁא֑וֹל לֹֽא־תִתֵּ֥ן חֲ֝סִידְךָ֗ לִרְא֥וֹת שָֽׁחַת׃

¹¹ תּֽוֹדִיעֵנִי֮ אֹ֢רַח חַ֫יִּ֥ים שֹׂ֣בַע שְׂ֭מָחוֹת אֶת־פָּנֶ֑יךָ נְעִמ֖וֹת בִּימִֽינְךָ֣ נֶֽצַח׃

¹Epigrama. De David.
 ¡Guárdame, Dios, porque me refugio en ti!
²Digo a Yhwh: «Mi señor (eres) tú,
 mi bien, no (hay [otro]) sobre ti».
³A los santos que (están) en la tierra, ellos (dicen:)
 «Majestuosos, todo mi deleite (está) en ellos».
⁴Se multiplican sus dolores, otro (dios) adquirieron,
 (pero yo) no derramaré sus libaciones de sangre
 ni cargaré sus nombres sobre mis labios.
⁵Yhwh ([er]es) la parte de mi heredad y mi copa,
 tú sostienes mi suerte.

⁶Las cuerdas me cayeron en (lugares) deliciosos,
 ciertamente (mi) herencia (es) hermosa para mí.
⁷Bendeciré a Yhwh que me aconsejó,
 ciertamente de noche me instruyen mis entrañas.
⁸Sitúo a Yhwh delante de mí continuamente,
 porque, (estando) a mi derecha, no me tambalearé.
⁹Por eso se alegra mi corazón y exulta mi honor,
 ciertamente mi cuerpo se asienta con seguridad,
¹⁰porque no abandonarás mi aliento al *Sheol*,
 ni entregarás a tu *hasid* a ver la fosa,
¹¹me harás conocer el sendero de la vida,
 saciedad de alegría(s) con tu rostro,
 delicia(s) a tu derecha (por) perpetuidad(es).

Estamos ante un salmo de confianza, quizá la oración de un sacerdote/levita el día de su consagración/dedicación (cf. Ex 29; Lv 8.21; Nm 8). Este salmo presenta serias dificultades textuales en los vv. 2-4a. Hemos intentado mantener la traducción lo más literal posible.

v. 1. «Epigrama». Término traducido siguiendo la LXX *(stelografía)*, que se encuentra también en el íncipit de Sal 56-60.

«Guárdame» es un imperativo dirigido varias veces a Dios en el Salterio (cf. Sal 17,8; 25,20; 86,2; 140,5; 141,9). La acción de refugiarse en él también es recurrente (unas x25 veces). Que Yhwh es guardián quedó claro al comentar Sal 86,2.

vv. 2-4. Según nuestra traducción, estos versículos contraponen dos grupo humanos: el salmista, con una inquebrantable fe en Yhwh, y otros («ellos») que van detrás de otro(s) dios(es).

El sustantivo «bien *(ṭôbāh)*» aparece junto al nombre de Yhwh por primera vez en Ex 18,9: «Jetró se alegró de todo el bien que Yhwh había hecho a Israel, librándolo de la mano de los egipcios». También los encontramos en Deuteronomio: «Yhwh te hará rebosar de bienes: del fruto de tu vientre, del fruto de tu ganado y del fruto de tu tierra, en esta tierra que él juró a tus padres que te daría» (Dt 28,11; cf. 30,9). Se trata de bien en sentido holístico. «No (hay [otro]) sobre ti» recuerda el mandamiento de Ex 20,3 (cf. 15,11).

Nuestra traducción del v. 3 se inspira en la de la *Biblia de Jerusalén* (5ª ed.). El término «santo/consagrado» nunca se aplica a los dioses paganos. Probablemente aquí sea un modo de designar a los israelitas (cf. Lv 11,44.45; 19,2; 20,7.26; 21,6; Nm 15,40; 16,3; Dt 33,3; Is 4,3; Sal 34,10) o a los sacerdotes/levitas (cf. Lv 21,6-8; 2 Cr 35,3, como lo era Aarón, cf. Sal 106,16). En cualquier caso, hay un «ellos» que habla (el inicio del v. 4, «*sus* dolores», reclama como antecedente un grupo no fiel a Yhwh), que se deleita probablemente en dioses que no son Yhwh: «mi deleite está *en ellos*». Quizá el grupo hostil trate de seducir a los santos, que son fieles al Dios de Israel.

El v. 4, en el estado actual del texto, es trístico (como el v. 11). Habitualmente ese tipo de versículos abren/cierran secciones o tienen una función enfática. De hecho, se establece el contraste ente «ellos» y el salmista. Los otros dioses únicamente acarrean dolores, ya que no pueden salvar (cf. Sal 115,4-8). El verbo «adquirir» solo se encuentra en el contexto de la dote nupcial (cf. Ex 22,15), señalando una cierta esponsalidad entre el fiel y la divinidad. La metáfora matrimonial aplicada a Dios es conocida en el mundo bíblico (cf. Os 2,21; Is 54,5; Jr 31,32). El orante, por su parte, no participará en los sacrificios paganos ni invocará otros dioses (cargar el nombre en los labios es sinónimo de invocar). La relación entre libaciones y nombre divino también se encuentra en Sal 116,13.

vv. 5-6. Estos versículos retoman el vocabulario del reparto de la tierra: «heredad», «suerte», «cuerdas» (usadas para medir los territorios, cf. Sal 78,55; Jos 17,5; Am 7,17; Miq 2,5), «herencia». Los levitas habían sido excluidos de ese reparto (cf. Nm 18,20; Dt 10,9; 18,1-2; Jos 18,7). Propiamente, su heredad era la parte que les correspondía de las ofrendas cultuales (cf. Nm 18,21; Dt 18,1; Sal 65,5) y el propio Dios (cf. Dt 18,2; Sal 142,6). Aunque, a decir verdad, los levitas tenían ciudades asignadas dentro de los territorios de cada tribu (cf. Nm 35,1-8; Jos 21; Ez 45,5; 48,13-14).

Que la copa se refiera al método de sorteo no puede respaldarse con ejemplos bíblicos. Descartada la «copa de la ira divina» (cf. Is 51,17 *et passim*), el término parece estarse refiriendo a la victoria (cf. Sal 116,13), a la abundancia (cf. Sal 23,5), o, más bien, al uso de Sal 11,6, que tiene la expresión «porción de su [de ellos] copa», indicando lo que les corresponde a los malvados.

vv. 7-8. El salmista tiene a Dios mismo por consejero (cf. Sal 73,24). Las «entrañas» (lit. «riñones») son la sede de la emotividad y el afecto (en la Biblia, con el corazón se piensa). El v. 7 pone en paralelismo ambas realidades: el consejo de Dios parece continuar instruyendo al orante, incluso de noche, por medio de su afectividad. En el v. 8 se expresa el esfuerzo consciente que hace el salmista por estar permanentemente en la presencia de Dios (a diferencia de los violentos presuntuosos de Sal 86,14), pues con él a la derecha (lugar de protección, incluso militar) no se tambalea: «[Yhwh] no dejará tambalearse tu pie [...], está a tu derecha» (Sal 121,3a.5c).

vv. 9-11. Los vv. 7-8 son el motivo de la alegría y exulta-
ción del salmista, que siente protegido no solo su espíritu
sino también su cuerpo (v. 9). De hecho, sabe que Dios no
permitirá que muera (v. 10), sino que lo conducirá por el
camino de la vida (v. 11).

«Mi honor» puede ser un epíteto de Dios (cf. Sal 3,4; 4,3)
o referirse al propio orante (cf. Sal 57,9). La LXX y la *Vulgata* tienen «mi lengua». El *Sheol* es el reino de los muertos
y la «fosa» una referencia a la tumba. El paralelismo poético es fuerte: no solo no me abandonarás en el reino de los
muertos, sino que ni siquiera veré la tumba (cf. Sal 49,16).
El «*hasid*» es, literalmente, el que practica la *hesed*, el que
realiza actos de bondad, benevolencia, generosidad, afabi-
lidad, delicadeza... en definitiva, el hombre piadoso.

El paralelismo del v. 11 equipara el sendero de la vida
con la plenitud de alegría contemplando el rostro de Dios
y con las delicias perpetuas a su lado. De hecho, probablemente se deba entender como un *crescendo*: sendero de la
vida, *es más*, alegría plena, *es más*, delicia perpetua. Plenitud permanente de vida con Dios.

El salmista no necesita ir tras otros dioses (vv. 2-4), pues le
basta con Yhwh como ganancia (vv. 5-6). Su presencia,
consejo y protección (vv. 7-8), también física, le hacen es-
tallar de alegría (v. 9). Dios lo guarda (v. 1b) de la muerte
(v. 10) y le promete una vida plena (v. 11).

El libro de Hechos cita el texto griego de este salmo como
justificación de por qué Jesús no podía quedar en manos
de la muerte: porque era justo. Lo encontramos tanto en
boca de Pedro (Hch 2,25-28 cita Sal 16,8-11) como de Pablo
(Hch 13,35 cita Sal 16,10).

1 Tes 5,23

²³ Αὐτὸς δὲ ὁ θεὸς τῆς εἰρήνης ἁγιάσαι ὑμᾶς ὁλοτελεῖς, καὶ ὁλόκληρον ὑμῶν τὸ πνεῦμα καὶ ἡ ψυχὴ καὶ τὸ σῶμα ἀμέμπτως ἐν τῇ παρουσίᾳ τοῦ κυρίου ἡμῶν Ἰησοῦ Χριστοῦ τηρηθείη.

²³ Mas, que el Dios de la paz os santifique por entero, y que vuestra totalidad –espíritu y alma y cuerpo– se mantenga sin tacha en la Parusía de nuestro Señor Jesucristo.

El cuerpo de la primera carta que conservamos dirigida a la comunidad de Tesalónica se divide en dos partes, cada una de las cuales concluye con su respectiva oración (1 Tes 3,11-13 y 5,23-24). La segunda de ellas funciona también como epílogo que concluye la carta antes del *postscriptum* (5,25-28).

Después de indicar a los miembros de la comunidad cómo deben actuar, en su oración final Pablo se centra en la acción de Dios, pues «fiel es el que os llama, él ciertamente (lo) hará» (1 Tes 5,24). El autor afirma literalmente que la voluntad de Dios es nuestra santificación (4,3, cf. v. 7). Ese tema se aborda en las dos oraciones. Merece la pena recoger la primera de ellas (3,11-13), pues aparecen las ideas presentes en el pasaje que nos ocupa:

> Que Dios mismo, nuestro Padre, y nuestro Señor Jesús guíen nuestro camino hacia vosotros. Que el Señor os plenifique y

haga abundar en el amor de unos con otros y en el amor hacia todos, como es nuestro amor hacia vosotros, para que se consoliden vuestros corazones con santidad sin tacha ante Dios, nuestro Padre, en la Parusía de nuestro Señor Jesús, con todos sus santos.

1 Tes 5,23 es el único texto paulino en que aparece la concepción tripartita del ser humano (espíritu, alma, cuerpo), una distinción que no aparece antes de Pablo. Tampoco es fácil saber el sentido exacto de los tres términos juntos (¿trasfondo estoico?, ¿dimensiones del ser humano?, ¿«espíritu» como la morada del Espíritu en el hombre?). En realidad, el foco de atención recae sobre la totalidad, tanto de la santificación («por entero») como del ser humano que debe mantenerse sin tacha («vuestra totalidad», según la sintaxis propuesta por Zerwick).

Viernes
(Sal 88; Jr 14,9b)

Salmo 88 (87)
Oración de un moribundo

«Si debo esperar, el *Sheol* es mi casa;
en la tiniebla extenderé mi cama.
Al sepulcro grito: ¡Tú eres mi padre!;
a los gusanos:
¡Sois mi madre y mis hermanas!»

JOB 17,13-14

¹ שִׁיר מִזְמוֹר לִבְנֵי־קֹרַח לַמְנַצֵּחַ עַל־מָחֲלַת לְעַנּוֹת מַשְׂכִּיל לְהֵימָן הָאֶזְרָחִי׃

² יְהוָה אֱלֹהֵי יְשׁוּעָתִי יוֹם־צָעַקְתִּי בַלַּיְלָה נֶגְדֶּךָ׃

³ תָּבוֹא לְפָנֶיךָ תְּפִלָּתִי הַטֵּה־אָזְנְךָ לְרִנָּתִי׃

⁴ כִּי־שָׂבְעָה בְרָעוֹת נַפְשִׁי וְחַיַּי לִשְׁאוֹל הִגִּיעוּ׃

⁵ נֶחְשַׁבְתִּי עִם־יוֹרְדֵי בוֹר הָיִיתִי כְּגֶבֶר אֵין־אֱיָל׃

⁶ בַּמֵּתִים חָפְשִׁי כְּמוֹ חֲלָלִים שֹׁכְבֵי קֶבֶר אֲשֶׁר לֹא זְכַרְתָּם עוֹד וְהֵמָּה מִיָּדְךָ נִגְזָרוּ׃

⁷ שַׁתַּנִי בְּבוֹר תַּחְתִּיּוֹת בְּמַחֲשַׁכִּים בִּמְצֹלוֹת׃

⁸ עָלַי סָמְכָה חֲמָתֶךָ וְכָל־מִשְׁבָּרֶיךָ עִנִּיתָ סֶּלָה׃

⁹ הִרְחַקְתָּ מְיֻדָּעַי מִמֶּנִּי שַׁתַּנִי תוֹעֵבוֹת לָמוֹ כָּלֻא וְלֹא אֵצֵא׃

¹⁰ עֵינִי דָאֲבָה מִנִּי עֹנִי קְרָאתִיךָ יְהוָה בְּכָל־יוֹם שִׁטַּחְתִּי אֵלֶיךָ כַפָּי׃

¹¹ הֲלַמֵּתִים תַּעֲשֶׂה־פֶּלֶא אִם־רְפָאִים יָקוּמוּ יוֹדוּךָ סֶּלָה׃

¹² הַיְסֻפַּר בַּקֶּבֶר חַסְדֶּךָ אֱמוּנָתְךָ בָּאֲבַדּוֹן׃

¹³ הֲיִוָּדַע בַּחֹשֶׁךְ פִּלְאֶךָ וְצִדְקָתְךָ בְּאֶרֶץ נְשִׁיָּה׃

¹⁴ וַאֲנִי אֵלֶיךָ יְהוָה שִׁוַּעְתִּי וּבַבֹּקֶר תְּפִלָּתִי תְקַדְּמֶךָּ׃

¹⁵ לָמָה יְהוָה תִּזְנַח נַפְשִׁי תַּסְתִּיר פָּנֶיךָ מִמֶּנִּי׃

¹⁶ עָנִי אֲנִי וְגֹוֵעַ מִנֹּעַר נָשָׂאתִי אֵמֶיךָ אָפוּנָה׃

¹⁷ עָלַי עָבְרוּ חֲרוֹנֶיךָ בִּעוּתֶיךָ צִמְּתוּתֻנִי׃

¹⁸ סַבּוּנִי כַמַּיִם כָּל־הַיּוֹם הִקִּיפוּ עָלַי יָחַד׃

¹⁹ הִרְחַקְתָּ מִמֶּנִּי אֹהֵב וָרֵעַ מְיֻדָּעַי מַחְשָׁךְ׃

¹Canto. Salmo. De los hijos de Coré.
Para el director. Sobre la enfermedad. Para la aflicción.
Maskil. De Hemán el ezrahita.
²Yhwh, Dios de mi salvación,
de día grito, en la noche ante ti.
³Venga ante ti mi oración,
inclina tu oído a mi clamor,
⁴porque saciado de males está mi aliento
y mi vida al *Sheol* se aproxima.
⁵Se me considera con los que bajan al pozo,
soy como hombre sin fuerza.
⁶Entre los muertos (estaré) libre,
como los asesinados que se acuestan en la tumba
(y) a los que no recuerdas más,
pues ellos de tu mano fueron arrancados.
⁷Me has puesto en el pozo profundo,
en las tinieblas, en los abismos.
⁸Sobre mí pesa tu ira,
y todas tus olas (me) oprimen. *Pausa*
⁹Alejaste a mis conocidos de mí,
me pusiste (como) abominaciones para ellos,
(estoy) cerrado y no puedo salir,
¹⁰mi(s) ojo(s) languidece(n) por mi aflicción.
Te llamé, Yhwh, todo el día,
extendí hacia ti mis palmas.
¹¹¿Acaso para los muertos obrarás prodigio(s)?,
¿o los *refaím* se alzarán (para) darte gracias? *Pausa*
¹²¿Acaso se narra en la tumba tu *hesed*?,
¿tu fidelidad en el inframundo?
¹³¿Acaso se conoce(n) en la tiniebla tu(s) maravilla(s)?,
¿tu justicia en la tierra del olvido?
¹⁴Pero yo, a ti, Yhwh, pido-ayuda,
y por la mañana mi oración te encuentra.
¹⁵¿Por qué, Yhwh, rechazas mi aliento,
(y) ocultas tu rostro de mí?

16 Pobre (soy) yo y moribundo desde la juventud,
   he cargado tus espantos, estoy-desesperado.
17 Sobre mí cruzó tu cólera,
   tus terrores me han consumido.
18 Me rodean como agua todo el día,
   me circundan a una.
19 Alejaste de mi amigo(s) y compañero(s),
   mis conocidos (son) la(s) tiniebla(s).

Este salmo es una súplica. La ausencia de confesión de pecados apunta a que la tragedia es inmotivada. Tampoco se describen los enemigos, por lo que el único responsable parece ser Dios. El orante solo pide ser escuchado (cf. Sal 88,3.14), pero no promete una acción de gracias, como suele ser habitual en este tipo de salmos, quizá porque la muerte se presenta como inminente y entre los muertos no cabe la acción de gracias (v. 11; cf. Is 38,3). Todo esto, sumado al tono general del salmo, cargado de imágenes fúnebres (cf. Sal 88,4-7.11-13), parece indicar que estamos ante la súplica de un moribundo (cf. Sal 6; o la oración de Ezequías recogida en Is 38,9-20).

v. 1. La expresión «de los hijos de Coré», incluye nuestro salmo entre los atribuidos a esos cantores levitas (Sal 84-85; 87-88; 42-49). «Sobre la enfermedad» también se encuentra en el título del Salmo 53. «Maskil» probablemente se refiera a una canción sapiencial o un poema didáctico. «Hemán el ezrahita», quizá sea el sabio que alabó a Salomón (cf. 1 Re 5,9-14) y que pertenecía a los levitas músicos del Templo (cf. 1 Cr 6,18 *et passim*). Esto enlaza nuestro salmo también con Sal 89, cuyo título es «Maskil. De Etán, el ezrahita» (v. 1). Hemán y Etán aparecen juntos en 1 Re 5,9-14 y 1 Cr 15,17.19.

vv. 2-3. En tres ocasiones el salmista recuerda su oración (vv. 2.10b.14). Dios es quien puede salvarlo, evitar que perezca. Aunque se apela al Dios nacional (Yhwh), se hace desde la relación personal «Dios de *mi* salvación». El merismo del v. 2b debe entenderse así: permanentemente (día y noche) grito ante ti. Quizá ese «ante ti» se refiera a la oración echa en el Templo (cf. Sal 18,7). El v. 3 de nuestro salmo expone la única petición que se hace: que mi oración sea escuchada. Este segundo «ante ti» (cf. Sal 19,15; 79,11; 119,169.170; 141,2) debe referirse a la presencia de Dios en el cielo (v. 3a, movimiento ascendente) a la cual corresponde la respuesta divina (v. 3b, movimiento descendente). La expresión «inclinar el oído» alude a la capacidad de escucha (aplicada a Dios: 2 Re 19,16; Sal 17,6; 31,3; 71,2; 86,1; 88,3; 102,3; 116,2; Ba 2,16; Dn$^{\theta}$ 9,18).

vv. 4-6. En estos versículos se describe la causa («porque», v. 4) de la súplica en términos de muerte-tumba («*Sheol*», «pozo», «tumba»; v. 7: «pozo profundo», «abismos»), temática que se retoma en los vv. 11-13 («muertos», *refaím*, «tumba», «inframundo», «tiniebla», «tierra del olvido»), recalcando la idea de que en el *Sheol* Yhwh no tiene dominio. En vez de estar saciado de Dios y su dicha (como Sal 16,11), el salmista describe justo lo opuesto. «Mi aliento», mi garganta, es sinónimo de «mi vida». No solo el orante se siente como un muerto en vida, sino que es considerado así por sus coetáneos («soy contado...», v. 5).

El término «hombre» puede traducirse como «soldado», en sintonía con «asesinados», que también se aplica a los caídos en una batalla. Un soldado sin fuerza es inútil, así se ve el salmista. En una época sin una clara esperanza ultraterrena, el que muere es un olvidado de Yhwh, arrancado de sus manos (v. 6), «arrancado de la tierra de los vivos» (Is 53,8).

La expresión «entre los muertos (estaré) libre» es de difícil interpretación. Podría entenderse como libre del trato con los hombres, o de los asuntos del mundo... Zenger propone entenderlo como un liberto, pero liberado a la más baja de las condiciones sociales.

vv. 7-10a. El v. 7, manteniendo la temática de los vv. 4-6 («pozo», «abismos»), sirve de tránsito a la sección que describe la acción negativa de Dios: «me has puesto...», «tu ira», «tus olas», «alejaste», «me pusiste» (cf. vv. 16-17.19: «tus espantos», «tu cólera», «tus terrores», «alejaste»). Dios tiene que ser la causa, pues él «hace morir y hace vivir, hace bajar a la tumba y hace retornar» (1 Sm 2,6). Como señalábamos, no se describen enemigos humanos ni culpa que merezca castigo. La espiral de caos que Yhwh cierne sobre el salmista (vv. 7-8) desemboca en la muerte social (v. 9): aislamiento, soledad, muerte en vida. El languidecimiento de los ojos (v. 10a) va en esa dirección. El v. 9 es importante (justo después de la pausa) porque la expresión «mis conocidos» cierra el salmo (v. 19): los conocidos humanos se alejan, los únicos conocidos que le quedan al salmista son las tinieblas.

vv. 10b-13. Una nueva referencia a la oración (v. 10b: llamar a Yhwh, extender las palmas) constante («todo el día»). Por un lado, el salmista sabe que Dios es la causa de sus males, por otro, sabe que solo de él puede venir la solución: «Esta tensión de amor-odio hacia Dios vuelve intensa la dialéctica de la súplica», afirma Ravasi.

Queda claro que Yhwh no se relaciona con los habitantes del inframundo: ni él hace prodigios por ellos, ni ellos le dan gracias (v. 11, los *refaím* son sombras, espectros, cf. Prov 21,16). Para intentar no acabar allí, el salmista evoca cuatro características de Yhwh ampliamente conocidas al lector bíblico:

hesed, fidelidad, maravillas, justicia (vv. 12-13). El razonamiento implícito es el siguiente: si Dios no cuida de su(s) fiel(es), de que viva(n), no va a quedar quien lo alabe. No en vano esta subsección acaba con la «tierra del olvido». Es cierto que a los muertos se les olvida (cf. Sal 31,13; Qo 9,5), pero no es menos cierto que los muertos tampoco se acuerdan de Yhwh ni lo alaban. Dicho con palabras de otro salmo: «¿Qué ganas con mi sangre, con que yo baje a la fosa? ¿Puede darte gracias el polvo o narrar tu fidelidad?» (Sal 30,10).

vv. 14-19. La tercera referencia a la oración (v. 14). «*Pero yo*» tiene un valor enfático. La mañana es el tiempo de la salvación, de recibir favores de Dios (cf. Sal 17,15). Que Yhwh oculte su rostro (v. 15) es justo lo opuesto a la bendición (cf. Nm 6,26) y conduce a la muerte (cf. Sal 104,29). Ser «moribundo» (Sal 88,16) no implica necesariamente una enfermedad, pero ciertamente la terrible situación del orante se ha producido desde su juventud. Varias metáforas continúan con la temática del salmo, siempre cargando contra Yhwh. Los «espantos» que causa Yhwh son acciones concretas (cf. Ex 15,16; 23,27; Jos 2,9; Sal 55,5 *et passim*), lo mismo que su «cólera» (cf. Sal 78,49-51). «Espantos» y «terrores» asimilan al orante con la experiencia de Job (cf. Job 6,4; 9,34).

Ciertamente la última palabra del salmo es «tiniebla». Es más, se puede traducir: «Alejaste de mí amigos y compañeros, ¿mis conocidos?, ¡la tiniebla!» (cf. Lm 3,6; Sal 143,3). Alejados de todo resquicio de luz, podríamos quedar en la más honda de las desesperanzas. Sin embargo, debemos reparar en que el salmista se dirige en segunda persona a un tú, a Dios. Su terrible situación, crudamente descrita, no lo aleja de Yhwh, sino que lo lleva a dirigirse a aquel que parece haberle retirado su favor (cf. Job).

Jr 14,9b

⁹ᵇ וְאַתָּה בְקִרְבֵּנוּ יְהֹוָה וְשִׁמְךָ עָלֵינוּ נִקְרָא אַל־תַּנִּחֵנוּ: ס

⁹ᵇPero tú (estás) en medio de nosotros, Yhwh, y tu nombre ha sido invocado sobre nosotros: no nos dejes.

En el contexto de una sequía devastadora (cf. Jr 14,1-6, ¿en época de Josías?), Jeremías compone una oración que merece la pena recoger por entero (vv. 7-9):

⁷Aunque nuestras culpas testifiquen contra nosotros,
 Yhwh, actúa por tu nombre.
 Ciertamente son muchas nuestras apostasías,
 contra ti hemos pecado.
⁸¡Esperanza de Israel!
 ¡Su salvador en tiempo de angustia!
 ¿Por qué quieres ser como forastero en la tierra,
 o como viajero que extiende (la tienda) para pasar la noche?
⁹¿Por qué quieres ser como un hombre aturdido,
 como guerrero incapaz de salvar?
 Pero tú (estás) en medio de nosotros, Yhwh,
 y tu nombre ha sido invocado sobre nosotros:
 ¡no nos dejes!

Ante la aparente inacción o impotencia de Dios (cf. Jr 14,8b-9a), la súplica hace una doble confesión de fe: Yhwh está en medio de nosotros y su nombre ha sido invocado sobre nosotros.

La presencia de Yhwh en medio de su pueblo, que tiene un carácter protector (cf. Nm 14,14; Dt 7,21; Miq 3,11; también Is 12,6; Os 11,9; Jl 2,27), debió de entenderse en algún momento como presencia en el Templo (cf. Sal 46,6). Es la impresión que da la lectura del poema que concluye el libro de Sofonías (Sof 3,14-20), en el que se dice que «Yhwh está en medio de ti, un guerrero que salva» (v. 17). No obstante, los textos invitan a no circunscribir la expresión solo al Templo. Por ejemplo, el problema de lo ocurrido en Masá-Meribá fue precisamente dudar de que Yhwh estuviese en medio de su pueblo (cf. Ex 17,7).

El nombre de Yhwh se puede invocar sobre el arca de la alianza (cf. 2 Sm 6,2), el Templo (cf. Jr 7,10-11.14.30), la ciudad de Jerusalén (cf. Jr 25,29; Dn 9,19); también sobre personas, como el propio Jeremías (cf. Jr 15,16), el pueblo de Israel (cf. Dt 28,10; 2 Cr 7,14; Is 63,19; Jr 14,9; Dn 9,19) o incluso los pueblos derrotados (cf. Am 9,12, en sentido negativo). Invocar un nombre sobre algo tiene el trasfondo legal de reclamar la propiedad sobre esa realidad (cf. 2 Sm 12,28), también en contexto matrimonial (cf. Is 4,1; Es 2,61).

Además, el nombre de Yhwh se puede usar tanto para bendecir (cf. Dt 10,8; 21,5; 1 Cr 23,13) como para maldecir (cf. 2 Re 2,24). Aunque con otro verbo (*sym* en vez de *qr'*), la bendición sacerdotal de Nm 6,24-26 invoca tres veces el nombre de Yhwh sobre los israelitas: «pondrán mi nombre sobre los hijos de Israel y yo los bendeciré» (v. 27). En este sentido, que el nombre de Yhwh haya «sido invocado sobre nosotros» (Jr 14,9) puede tener la doble dimensión de relación/pertenencia y bendición.

La exclamación final (cf. Sal 119,121) es traducida por la LXX como «no nos olvides/ignores *(epilanthanomai)*». El verbo hebreo connota el dejar una carga de la que uno está cansado. Tomada en su conjunto, la oración (Jr 14,7-9) confiesa la existencia de pecados (v. 7), pero reconoce a Dios como esperanza y salvación (v. 8a). La acción de Dios no debe esperarse por el comportamiento humano, sino por quién él es.

Nunc Dimittis (Lc 2,29-32)

²⁹ νῦν ἀπολύεις τὸν δοῦλόν σου,
 δέσποτα, κατὰ τὸ ῥῆμά σου ἐν εἰρήνῃ·
³⁰ ὅτι εἶδον οἱ ὀφθαλμοί μου τὸ σωτήριόν σου,
³¹ ὃ ἡτοίμασας κατὰ πρόσωπον πάντων τῶν λαῶν,
³² φῶς εἰς ἀποκάλυψιν ἐθνῶν
 καὶ δόξαν λαοῦ σου Ἰσραήλ.

²⁹ Ahora, despides a tu siervo,
 Amo, según tu palabra, en paz.
³⁰ Porque vieron mis ojos tu salvación,
³¹ que has preparado ante todos los pueblos:
³² luz para revelación de las naciones
 y gloria de tu pueblo Israel.

Si contamos el cántico de los ángeles (Lc 2,14), cuatro son los himnos que se integran en el prólogo del tercer evangelio: el cántico de María (1,46-55, el *Magnificat*), el de Zacarías (vv. 68-79, el *Benedictus*) y el de Simeón (2,29-32, el *Nunc dimittis*). Este último, cuyo original pudo ser un himno hebreo prelucano, subraya la idea de la universalidad de la salvación.

Simeón es co-personaje con la profetisa Ana (cf. Lc 2,36-38). Lucas utiliza varias parejas de judíos piadosos en su relato de la infancia (Zacarías e Isabel, María y José, Simeón y Ana). En el caso que nos ocupa, «era un hombre justo y piadoso, que esperaba el consuelo de Israel, y el Espíritu Santo estaba sobre él» (2,25).

Este personaje lleva el nombre del segundo hijo que Jacob tuvo con Lea, su primera mujer. Ella le llamó Simeón (שִׁמְעוֹן) porque se dijo «Yhwh ha escuchado (שָׁמַע)» (Gn 29,33). En este caso, la explicación etimológica parece acertada y puede ser interesante para la comprensión del personaje neotestamentario.

El «consuelo de Israel» de Lc 2,25 es una expresión paralela a la usada en la descripción de Ana, «redención de Jerusalén» (v. 38). El lenguaje del consuelo se encuentra en el texto griego de Sal 22,4; 70,21; 86,17; 94,19; 134,14; Is 35,4; 40,1-11; 57,18; 66,10-14. Se trata de una intervención divina que invierte el desastroso devenir de los acontecimientos.

Por otro lado, la estrecha relación con el Espíritu Santo señalada a propósito de Simeón también se indica con Juan (Lc 1,15), María (v. 35), Isabel (v. 41) y Zacarías (v. 67). Es el Espíritu quien hace avanzar la historia. En el caso de Simeón, «le había revelado que no vería la muerte antes de haber visto al Mesías del Señor» (2,26). Además, acude al Templo movido por el Espíritu (v. 27). Estamos ante un hombre guiado por el Espíritu y obediente a él, lo cual le permitió contemplar la salvación de Dios hecha carne.

Del contexto descrito en Lc 2,27-28 podemos deducir las circunstancias en que el *Nunc dimittis* habría sido pronunciado: movido por el Espíritu Santo, dirigido a Dios-Padre, con Jesús en brazos, ante María y José, en el marco del Templo. En concreto, el narrador nos indica que sus palabras son una bendición/alabanza *(eulogeo)* a Dios (cf. el inicio del himno de Zacarías en Lc 1,68).

v. 29. El «ahora» funciona como indicador de un cambio en la historia de la salvación, a la par que señala «el *ahora*» de la intervención de Dios. El verbo «despedir», a pesar de tener el uso prosaico de liberación de un servicio (en este caso, liberado de la tarea de vigilar/esperar), connota la muerte (cf. Gn 15,2; Nm 20,29; Tob 3,6; 2 Mac 9,9). Este último es el sentido de «en paz» en Gn 15,15. Con todo, así entendida, la muerte se vincula con la paz, que en el sentido bíblico es el término que sintetiza el conjunto de todos los bienes mesiánicos.

El vocativo hace de este cántico una oración dirigida directamente a Dios. Aunque el término usado para «amo» (cf. Hch 4,24) no es inusual para dirigirse a Yhwh (cf. Gn 15,2.8; Jos 5,14; Jon 4,3; Sb 11,26 *et passim*), el binomio siervo-amo no escapa de sus connotaciones legales. No obstante, en el contexto del tercer evangelio, el vocablo «siervo» evoca a la «sierva del Señor» (Lc 1,38). Combinado con «consuelo», el término «amo» parece aludir a la visita/intervención de Dios para establecer la justicia (cf. el uso isaiano del término y lo que dice Simeón sobre Jesús en Lc 2,34: «Este es puesto para caída y levantamiento de muchos en Israel»).

v. 30. No se usa ni «salvador» *(soter)*, ni el término habitual para «salvación» *(soteria)*, sino *soterion*. Es cierto que *soterion* traduce en muchas ocasiones el hebreo *shelem* (sacrificio de comunión; cf. Ex 20,24; 24,5; Lv 3,1; Nm 6,14; Dt 27,7; Jos 22,23; Am 5,22; Ez 43,27 *et passim*), pero en el libro de los Salmos nunca. En él, este vocablo está asociado a la liberación de los enemigos (cf. Sal 9,15; 13,6; 14,7; 28,8; 40,17; 42,6; 43,5; 62,1; 68,20; 70,5), incluso en sentido militar (cf. 20,6; 21,2-6; 35,9); se vincula con la *hesed* y fidelidad divinas (cf. 40,11; 85,8; 119,41) y supone protección (cf. 62,8), providencia (cf. 78,22), cambio (cf. 53,7), restauración (cf. 85,5), justicia (cf. 119,123). Ante todo, se realiza en la historia (cf. 106,4). Varios textos sálmicos pueden ayudar a nuestra comprensión de *soterion*:

- «Al que pone un camino [recto] le mostraré la salvación de Dios» (Sal 50,23).

- «En Dios está mi salvación y mi gloria» (Sal 62,8; cf. 85,10).

- «¡Que Dios nos agracie y nos bendiga, ilumine su rostro sobre nosotros! Para que se conozca en la tierra tu camino, y en todas las naciones tu salvación» (Sal 67,2-3).

- «Me llamará y le responderé, estaré a su lado en la desgracia, lo salvaré y lo glorificaré. Lo saciaré de largos días, le hare ver mi salvación» (Sal 91,15-16).

- «Cantad a Yhwh, bendecid su nombre. Anunciad su salvación día a día, contad su gloria a las naciones, sus maravillas a todos los pueblos» (Sal 96,2-3).

- «Yhwh ha hecho conocer su salvación, ha revelado su justicia a las naciones; se ha acordado de su *hesed* y su fidelidad para con la casa de Israel. Los confines de la tierra han visto la salvación de nuestro Dios» (Sal 98,2-3).

Parece claro que la salvación de Dios es su *acción* salvífica y que debe llegar a todos (cf. Is 40,5, citado en Lc 3,6; cf. Hch 28,28). El paralelismo entre Lc 2,26.30 nos permite afirmar la equivalencia Mesías = salvación. Simeón ve la salvación en aquel niño, contempla a Dios interviniendo en el mundo por medio de él. Jesús es la acción salvífica de Dios (cf. Lc 10,23).

v. 31. La segunda parte de esta frase se explica por medio de los textos apenas citados. «Ante» debe entenderse como «accesible a». El verbo «preparar» nos lleva a pensar que Dios tiene un plan, un proyecto, dispuesto, preparado, establecido (cf. 1 Cor 2,9; Ef 1,9).

v. 32. El genérico «todos los pueblos» es concretado en los gentiles (cf. Is 49,6.9; 52,10; 56,1) e Israel (cf. Is 40,5; 46,13; 60,1.19). El término «luz» es aposición de «salvación» (cf. Is 51,4-5), lo que deja fuera de duda su sentido salvífico (cf. el cántico de Zacarías, Lc 1,78-79; también Hch 13,47; 26,22-23). La concepción de la salvación en términos lumínicos permite una interesante hermenéutica: sin ser sustraídos de los avatares presentes (dificultades, problemas y muerte) podemos iluminar la realidad y comprenderla desde Dios, dando un sentido tanto al presente como al futuro.

En cualquier caso, aunque el himno mantiene la distinción entre israelitas y no-israelitas, se nombra primero a los gentiles. Esto, junto con su inclusión en la salvación, nos habla del universalismo que caracteriza esta oración (cf. Is 42,6). Por lo demás, la gloria (que es *de Dios*), aceptada por el hombre, se refleja (cf. Ex 34,35).

Ciertamente, el texto se presta a varias sintaxis: (1) la salvación será luz revelada a las naciones y gloria para Israel; (2) la salvación es luz, para revelación de las naciones y para gloria de Israel; (3) la salvación es luz de las naciones para revelación y gloria de Israel. Quizá la mejor opción sea la segunda: «luz» como aposición de «salvación», y tanto «revelación» como «gloria» dependientes de la preposición «para». De este modo, Lucas estaría indicando que la salvación es luz, una luz que, como dijimos, permite leer la historia desde Dios.

Alguna bibliografía consultada

ACHTEMEIER, P. J. *1 Peter. A Commentary on First Peter*. Hermeneia. CHCB. Mineápolis, MN, 1996.

ALONSO SCHÖKEL, L. – C. CARNITI. *Salmos. Traducción, introducciones y comentario I-II*. NBE-CTL. 4ª ed. Estella 2008 y 2009.

APARICIO RODRÍGUEZ, Á. *Comentario filológico a los Salmos y al Cantar de los Cantares*. Madrid 2018.

BARTH, M. *Ephesians. Introduction, Translation, and Commentary on Chapters 4-6*. AYB 34A. New Haven – Londres 2008.

BEALE, G. K. – D. A. CARSON (ed.). *Commentary on the New Testament Use of the Old Testament*. Grand Rapids, MI, 2007.

BEST, E. *A Critical and Exegetical Commentary on Ephesians*. ICC. Edimburgo 1998.

BIGG, C. *A Critical and Exegetical Commentary on the Epistles of St. Peter and St. Jude*. ICC. Edimburgo 1901.

BOTHA, PH. J. «Psalm 4 and the Poor in the Post-exilic Province of Judah: A Textual and Contextual Reading». *JNSL* 44 (2018) 23-39.

—. «True Happines in the Presence of Yhwh The Literary and Theological Context for Understanding Psalm 16». *OTE* 29 (2016) 61-84.

BOVON, F. – H. KOESTER. *Luke 1. A Commentary on the Gospel of Luke 1:1–9:50*. Hermeneia. CHCB. Mineápolis, MN, 2002.

BROWN, W. P., *The Oxford Handbook of the Psalms*. Oxford 2014.

BRUCE, F. F. *The Epistles to the Colossians, to Philemon, and to the Ephesians*. NICNT. Grand Rapids, MI, 1984.

DAVIDS, P. H. *The First Epistle of Peter*. NICNT. Grand Rapids, MI, 1990.

FABRIKANT-BURKE, O. Y. «Rethinking Divine Hiddeness in the Hebrew Bible: The Hidden God as the Hostile God in Psalm 88». *HThR* 114 (2021) 159-181.

FEE, G. D. *The First and Second Letters to the Thessalonians*. NICNT. Grand Rapids, MI, 2009.

FITZMYER, J. A. *The Gospel according to Luke I–IX. Introduction, Translation, and Notes*. AYB 28. New Haven – Londres 2008.

GARCÍA SERRANO, A. «The Human Being in Eschatology according to 1 Thess 5:23». *BibAnn* 12 (2022) 565-588.

GOLDINGAY, J. «Psalm 4: Ambiguity and Resolution». *Tyndale Bulletin* 57 (2006) 161-172.

GREEN, J. B. *The Gospel of Luke*. NICNT. Grand Rapids, MI 1997.

HOLLADAY, W. L. *Jeremiah 1. A Commentary on the Book of the Prophet Jeremiah, Chapters 1–25*. Hermeneia. CHCB. Filadelfia, PA, 1986.

HOSSFELD, F.-L. – E. ZENGER. *Die Psalmen I. Psalm 1-50. Die Neue Echter Bibel*. Altes Testament 50. Würzburg 1993.

—. *Psalms* 2-3. Hermeneia-CHCB. Mineápolis, MN, 2005 y 2011.

Kelly, J. N. D. *The Epistles of Peter and of Jude. Black's New Testament Commentary*. Londres 1969.

Kraus, H.-J. *Los Salmos I-II*. BEB 53-54. 2ª ed. Salamanca 2009 y 2014.

Kraus, Th. J. «Greek Psalm 90 (Hebrew Psalm 91): The Most Widely Attested Text of the Bible». *BT* 176 (2018) 47-63.

Kraut, J. «Deciphering the Shema: Staircase Parallelism and the Syntax of Deuteronomy 6:4». *VT* 61 (2011) 582-602.

Lange, A. «The Shema Israel in Second Temple Judaism». *JAJ* 31 (2010) 207-214.

Lasater, Ph. M. «Law for What Ails the Heart: Moral Frailty in Psalm 86». *ZAW* 127 (2015) 652-668.

Lundbom, J. R. *Jeremiah 1–20. A New Translation with Introduction and Commentary*. AYB 21A. New Haven – Londres 2008.

Malherbe, A. J. *The Letters to the Thessalonians. A New Translation with Introduction and Commentary*. AYB 32B. New Haven – Londres 2008.

Maré, L. P. «Facing the Deepest Darkness of Despair and Abandonment: Psalm 88 and the Life of Faith». *OTE* 27 (2014) 177-188.

Menduiña Santomé, A. *El camino de la Palabra, entre escucha y rechazo. Significado y función de las citas de Isaías en la obra lucana*. ABE. MB 67. Estella 2017.

Morla, V. *Los salmos del Antiguo Testamento. Nueva traducción con notas filológicas*. EB 89. Estella 2025.

Owiredu, Ch. «Metaphoric and Metonymic Conceptualization of the Nose in Hebrew and Twi». *Conspectus* 31 (2021) 36-53.

Plymale, S. F. «The Prayer of Simeon (Luke 2:29-32)». En J. H. Charlesworth (ed.). *The Lord's Prayer and Other*

Prayer Texts from the Greco-Roman Era. Valley Forge, PA, 1994.

PRINSLOO, G. T. M. «Psalm 130: Poetic Patterns and Social Significance». *OTE* (2002) 453-469.

PUECH, É. «Les Psaumes davidiques du ritual d'exorcisme (11Q11)», 160-181. En D. K. FALK – F. GARCÍA MARTÍNEZ – E. SCHULLER (eds.). *Sapiential, Liturgical and Poetical Texts from Qumran. Proceedings of the Third Meeting of the International Organization for Qumran Studies, Oslo 1998. Published in Memory of Maurice Baillet.* STDJ 35. Leiden – Boston, MA, 2000.

RAVASI, G. *Il libro dei Salmi. Commento e attualizzazione I-III.* Bolonia 2015.

VARGA ANDRÉS, J. *La salvación como solidaridad. El paradigma soteriológico del evangelio de Lucas.* ABE. MB 82. Estella 2022.

WANAMAKER, C. A. *The Epistles to the Thessalonians. A Commentary on the Greek Text.* NIGTC. Grand Rapids, MI, 1990.

WEBER, B. «Notizen zu Form, Pragmatik und Struktur von Psalm 16». *BN.NF* 125 (2005) 25-38.

WEINFELD, M. *Deuteronomy 1–11. A New Translation with Introduction and Commentary.* AYB 5. New Haven – Londres 2008.

WÉNIN, A. *Salmi censurati. Quando la preghiera assume toni violenti.* SB 83. Bolonia 2017.

YOUNG, E. J. – R. K. HARRISON – R. L. HUBBARD JR. (eds.). *The Book of Psalms.* NICOT. Grand Rapids, MI – Cambridge, Reino Unido, 2014.